T0288525

NEGOCIACIÓN

NEGOCIACIÓN

BRIAN TRACY

GRUPO NELSON
Una división de Thomas Nelson Publishers
Desde 1798

NASHVILLE   MÉXICO DF.   RÍO DE JANEIRO

Título en inglés: *Negotiation*
© 2013 por Brian Tracy
Publicado por AMACOM, una división de American Management Association,
International, Nueva York. Todos los derechos reservados.

Editora General: *Graciela Lelli*
Traducción y edición: *www.produccioneditorial.com*
Adaptación del diseño al español: *www.produccioneditorial.com*

ISBN: 978-0-71803-357-6

Impreso en Estados Unidos de América
23 24 25 26 27 LBC 11 10 9 8 7

CONTENIDO

Introducción

TU ÉXITO EN los negocios y en la vida vendrá determinado por tu habilidad de negociar en beneficio propio en cada situación. La negociación es una habilidad clave que afecta a todo lo que haces o dices y a casi todas tus interacciones, tanto personales como en los negocios. Si no puedes negociar en provecho tuyo, entonces te conviertes automáticamente en víctima de personas que son mejores negociadores que tú. Siempre lograrás un mejor ingreso, o conseguirás un mejor trato, si eres bueno negociando.

La vida puede ser vista como una larga y prolongada sesión de negociación, desde la cuna hasta la tumba. La negociación nunca se detiene. Es una parte importante del negocio de vivir y comunicarse con los demás. Es la forma en que individuos con valores e intereses diferentes encuentran maneras constructivas de vivir y trabajar juntos en armonía. Tu capacidad para negociar con éxito es esencial para tu éxito en todas tus interacciones con otras personas.

La negociación ha existido desde el comienzo de la civilización porque los seres humanos siempre han tenido interés en mejorar su posición relativa en la vida. Todo el mundo quiere lograr más de esas cosas que son buenas: felicidad, riqueza, posición, amor, seguridad, clase, prestigio y éxito. Y la gente quiere alcanzar sus objetivos de formas que sean más rápidas y fáciles, y al menor costo posible de tiempo y dinero. Cada uno de nosotros está en una especie de competición con muchas otras personas que también quieren conseguir los mismos objetivos, resultados y logros.

Es mediante el compromiso, el trato y la negociación que equilibramos deseos y necesidades opuestos y conflictivos que garantizan que logremos el mejor resultado posible para nosotros.

El valor es subjetivo

El precio o valor de algo está siempre y únicamente determinado por el nivel de la demanda o el deseo de ese bien. El valor está determinado por aquello que un individuo en particular, en un momento determinado, bajo un conjunto particular de circunstancias, considera que algo vale la pena.

Dado que este tipo de juicio de valor es siempre *subjetivo*, nunca hay un precio final o correcto, o un conjunto de términos que puedan ser decididos de antemano. Los precios que la gente está dispuesta a pagar o aceptar siempre dependen de las personas involucradas y de la escala relativa de las necesidades en el momento de la transacción. Las evaluaciones subjetivas son las que crean el deseo de intercambiar bienes, servicios, dinero y otras cosas. En cada operación o transacción voluntaria, las partes involucradas solamente estarán de acuerdo con los precios y condiciones si creen que *estarán mejor* al terminar que si no hubieran entrado en la negociación o transacción. Como se suele decir, «son las diferencias de opinión las que inician una apuesta».

Estrategias y métodos prácticos

Con los años, he negociado muchos contratos valorados en millones de dólares de bienes inmobiliarios residenciales, comerciales e industriales, incluyendo centros comerciales, edificios de oficinas y desarrollo urbano. He negociado un valor de más de veinticinco millones de dólares en importación y distribución de automóviles, además de contratos para impresión, consultoría, capacitación, publicidad, convenciones y reuniones, y las ventas de miles de artículos por valor de millones de dólares.

Por tanto, las ideas de este libro se basan en una amplia experiencia, tanto buena como mala, complementada por años de estudio en el arte y la ciencia de la negociación. Vas a aprender un conjunto de las estrategias y tácticas más importantes jamás descubiertas en el campo de la negociación.

Cada una de estas ideas es práctica, probada y de aplicación inmediata. Funcionan, y te permitirán conseguir una oferta mejor en casi todas las situaciones. He enseñado estas herramientas a cientos de miles de comerciales de todo el mundo, y los resultados positivos que han logrado en la negociación les han cambiado la vida. Si aplicas sistemáticamente aunque sea una pequeña parte de lo que estás a punto de aprender, puedes lograr una mejora importante en la calidad y cantidad de tus resultados.

La negociación se puede aprender

Incluso los niños pequeños negocian. Ellos saben que los pequeños abrazos y el afecto son la moneda con la que negocian con sus padres y familiares. Negociar (o no negociar), comprometerse (o negarse a transigir) y trabajar para conciliar los intereses en conflicto son actividades que forman parte esencial de la vida humana. Tu capacidad de negociar bien puede marcar una diferencia extraordinaria en tu vida financiera, tu carrera, tus relaciones y casi todo lo que obtengas o des en el curso de tu vida diaria.

Afortunadamente, la negociación es una habilidad, y todas las habilidades se pueden aprender. Todo el que hoy es un excelente negociador fue una vez un pobre negociador que terminó con ofertas mucho peores que en la actualidad. Cuanto más aprendas, pienses y practiques la negociación, en mejor negociador te convertirás. A medida que logres resultados cada vez mejores, también te sentirás más feliz, más seguro de ti mismo y más al control de tu vida.

Uno de los modos más poderosos que tenemos de aprender es contrastar y comparar lo que hacemos con lo que *podríamos* estar haciendo. Piensa en un área importante donde estés negociando en tu vida personal o empresarial. Mientras lees este libro, piensa en cómo puedes aplicar estas técnicas para lograr un mejor objetivo o resultado que el que estás logrando en la actualidad. Al poner estas ideas en acción, te sorprenderá lo bien que funciona la negociación para ti, y cómo en consecuencia serás más feliz.

UNO

Todo es negociable

«TODO ES NEGOCIABLE» debería ser tu actitud y acercamiento a la vida y los negocios a partir de ahora. Uno de los mayores obstáculos para el éxito y la felicidad es la pasividad. Las personas pasivas simplemente aceptan el vigente estado de las cosas, y por lo general se sienten impotentes para cambiar la situación. Las personas proactivas, por el contrario, ven oportunidades y posibilidades en todas partes, y siempre están buscando maneras de cambiar la situación en beneficio propio. Esta debería ser tu estrategia también.

Piensa como un negociador

Hay muy pocos precios o términos inamovibles en cualquier cosa, incluso si están escritos o impresos. Debes recordar que no importa lo firmes o inflexibles que los precios y condiciones parezcan ser, todo es negociable. Tu trabajo es simplemente averiguar dónde y cómo puedes conseguir una oferta mejor que la que se te está ofreciendo.

Cuando la gente emprendió el comercio y el trueque hace seis mil años, en la antigua Sumeria, en general se entendía que cada precio era negociable. En los mercados y bazares de los países del tercer mundo, e incluso en los mercadillos y ventas en garajes que pueden ser populares en el barrio donde vives, todos los precios (tanto de compra como de venta) no son más que un punto de partida en el que el buen negociador comienza a andar hasta conseguir el mejor precio posible.

Pero en cualquier otra parte del mundo moderno, la negociación no es respaldada. Está considerada por muchas personas, especialmente aquellas que venden un producto o servicio en el mercado comercial, como algo que debe evitarse a toda costa. En cambio, la gente imprime una lista de precios o pone un precio a un producto o servicio, y luego te presentan este precio como si estuviera tallado en piedra. Pero un precio escrito en realidad no significa nada. No es un hecho fijado. Es la *estimación* mejor supuesta de alguien, en alguna parte, sobre cuánto está dispuesta a pagar una persona. Cualquier precio fijado por alguien puede ser cambiado por esa persona, o por otra.

Los precios son arbitrarios

La cuestión es que todos los precios son arbitrarios. Las empresas fijan sus precios basándose libremente en los costes, la rentabilidad esperada y las condiciones de la competencia. Como resultado, con una información variable, todos los precios pueden ser revisados y ajustados de alguna manera. Cada vez que veas o leas que una venta de cualquier clase promueve precios más bajos, hay un ejemplo de empresa que ha calculado mal cuando fijó el precio en primer lugar.

Deberías desarrollar la actitud de que no importa el precio de venta del momento, tú puedes mejorar este acuerdo de alguna manera a tu favor. Puedes ser capaz de conseguir lo que quieres más barato, más rápido o con mejores condiciones. Crea el hábito de buscar continuamente oportunidades para mejorar los precios o términos de alguna manera.

Los contratos no son más que puntos de partida

Por ejemplo, cuando se te presenta un contrato o un acuerdo, tienes perfecto derecho a tachar o revisar las frases o cláusulas que no te gustan. Ten en cuenta que cualquier contrato presentado por un vendedor (o por cualquier otra persona) ha sido escrito por y en nombre del *vendedor*. Hay muy poco en el contrato que exista para servir a tus intereses. Nunca te permitas sentirte intimidado por el hecho de que un acuerdo de contrato o de ventas esté escrito y tenga aspecto oficial.

Hace algunos años, llevamos a cabo un contrato de arrendamiento por cinco años en un nuevo espacio en un nuevo edificio de oficinas. Años más tarde, el propietario vendió el edificio de oficinas a otra empresa. Los nuevos administradores de la propiedad visitaron a cada uno de los inquilinos y les explicaron que, por razones legales, todos los inquilinos tendrían que firmar un nuevo contrato de arrendamiento con el nuevo propietario. Pero se nos dijo que no había nada de qué preocuparse. Los términos serían más o menos los mismos que el arrendamiento original que habíamos firmado, con solo un par de pequeñas alteraciones.

Cuando recibimos el nuevo contrato de arrendamiento para firmarlo, era unas diez páginas más largo que el original. Un amigo mío, especialista en el arrendamiento de oficinas comerciales, lo revisó y encontró ¡cincuenta y dos adiciones y sustracciones al arrendamiento original! Y cada una de ellas, sin excepción, era inmediatamente perjudicial o potencialmente perjudicial para nuestro negocio.

Lo que hicimos fue simple. Revisamos el nuevo contrato de arrendamiento de principio a fin y tachamos, revisamos y firmamos con las iniciales los cincuenta y dos cambios. Después devolvimos el texto marcado a los propietarios del edificio. Unos días más tarde, volvieron con un nuevo contrato pasado a limpio, con las cincuenta y dos revisiones incluidas, tal como habíamos solicitado.

Moraleja de esta historia: nunca te dejes intimidar por los términos y condiciones de cualquier acuerdo de venta o de compra. No importa lo que la otra persona diga o afirme, o escriba en un contrato, todo es negociable. Un acuerdo no es más que el primer paso del proceso.

DOS

Supera tus miedos a la negociación

LA CLAVE PARA conseguir un mejor trato es simple. Pide. Pide un precio más bajo o mejores términos y condiciones. Pide revisiones y cambios en el acuerdo. Pide que incorporen inclusiones, descuentos, concesiones o productos o servicios extras adicionales como parte del acuerdo global. Pide amablemente. Pide con expectativas. Pide con confianza. Pide cortésmente. Pide rotundamente, si crees que te será más útil. Pero siempre pide categórica y claramente lo que quieres. Siempre pregunta por qué, y por qué no. El futuro pertenece a los que piden. El futuro pertenece a aquellos que con confianza y valentía piden lo que quieren, y piden de nuevo, y vuelven a pedir.

Si este consejo es tan simple, ¿por qué tan poca gente da un paso adelante y pide lo que quiere? Para muchos de nosotros, esto se remonta a la primera infancia. Se deriva invariablemente del *miedo al rechazo* como resultado de la crítica y la falta de amor incondicional que muchas personas experimentan de niños. Cuando los niños no experimentan un entorno totalmente enriquecedor durante sus años de formación, crecen carentes de autoestima y autoconfianza. Como resultado, a menudo no sienten que merecen conseguir una oferta mejor que la que se les ofrece.

Este miedo al rechazo puede ser un lastre para las personas a lo largo de su vida adulta. A menudo aceptan acuerdos, condiciones de empleo, precios (tanto de compra como de venta) que son mucho menos ventajosos que los que podían lograr, solo porque tienen miedo de que alguien vaya a decir *no*.

Tú puedes superar un miedo mediante la participación en el comportamiento *opuesto*. Si tienes miedo al rechazo y tu comportamiento normal es aceptar pasivamente los términos y condiciones que se te ofrecen, puedes superar este miedo pidiendo continuamente un mejor trato, y sin que importe si la persona dice «no».

Hazlo varias veces, y el temor pronto disminuirá y desaparecerá. Este es el proceso de «insensibilización sistemática». Al confrontar tu miedo, y al hacer varias veces lo que temes, el miedo desaparece con el tiempo.

Del mismo modo que el miedo es un hábito, el valor es un hábito también. Forzarte a actuar con valentía, especialmente pidiendo mejores precios y condiciones en una negociación, en realidad construye tu autoconfianza y tu autoestima.

Vender a puerta fría construye el valor

Una de las lecciones más importantes de mi vida fue cuando empecé a vender a puerta fría, hora tras hora. Al principio, recibí un mayor rechazo de lo que creía posible. Prácticamente me daban con la puerta en las narices allí donde llamaba, puesto que la persona me replicaba que no quería y no estaba interesada en mi producto. Escuché la palabra *no* cientos, incluso miles, de veces. Entonces, un día, le pregunté a un vendedor experimentado cómo se enfrentaba a este rechazo sin fin. Compartió conmigo estas palabras mágicas: «El rechazo no es personal».

No te tomes el rechazo personalmente. Cuando alguien dice «no» a tu solicitud en una negociación, no es un reflejo sobre ti o tu valor personal. No es una declaración acerca de si eres una buena o una mala persona. En cuanto a la persona que dice no se refiere, no es más que una respuesta comercial a una oferta de algún tipo. No tiene nada que ver contigo. No lo tomes como algo *personal*.

Una vez aprendí esta idea clave, me convertí en una máquina de vender. Iba con confianza de puerta en puerta, pidiendo a la gente que comprara mi producto. No importaba cuántas veces escuchara la palabra *no*, yo solo me reía. Me di cuenta de que la otra persona no estaba pensando en mí en absoluto. La otra persona simplemente estaba respondiendo a un acto reflejo que se produce cada vez que alguien propone algo diferente a lo establecido. El rechazo no es personal.

Construir un imperio

Uno de mis asistentes al seminario era un trabajador de la construcción de Phoenix que decidió que quería comprar casas más viejas y alquilarlas durante el tiempo suficiente para pagar la hipoteca, además de obtener un beneficio. Pero él no tenía mucho dinero para empezar.

Sin embargo, comenzó a mirar el periódico en busca de casas que se pusieran en venta «por el propietario» en lugar de inscribirse con un agente de bienes inmuebles. Empezó a llamar a estos propietarios y se las arreglaba para ver la casa; después de determinar si sería una buena casa para comprar, arreglar y alquilar, volvía al dueño y le ofrecía un cincuenta por ciento del precio de venta. Algunos propietarios se enfadaban. Otros se enfurecían. Pero de cada veinte propietarios, uno de ellos pasaba invariablemente por una situación vital que convertía al dueño en un vendedor muy motivado. Había gente cuyo negocio había cerrado, o había perdido su trabajo, o estaba pasando por un divorcio o una quiebra, o había decidido mudarse a otra parte del país, y la única cosa que les retenía era la venta de su casa.

Así, de cada diecinueve rechazos, alguien hacía una contraoferta por un valor del sesenta o setenta por ciento del precio de venta, lo que finalmente él aceptaba.

Después de algunos años dispuesto a escuchar la palabra *no* una y otra vez, era propietario de cuarenta y dos casas y ganaba más de diez mil dólares al mes. Estaba en el camino de convertirse en millonario. Y todo porque no tenía miedo de oír la palabra *no* cuando pedía lo que quería.

La negociación como juego

Piensa en la negociación como en un juego. No es un asunto serio, de vida o muerte. Es simplemente una forma de deporte. De hecho, es uno de los grandes juegos de la vida. Tu trabajo es jugar tan hábilmente como te sea posible, y luego mejorar y mejorar en él.

Los principales negociadores insisten en negociar en casi todas las ocasiones. Ellos regatean y negocian, pues para ellos es una forma de diversión. Cuando comiences a considerar la negociación como una actividad agradable y te mantengas en calma, confiado y alegre, empezarás a ver las oportunidades para negociar a tu favor dondequiera que vayas y en casi todo lo que hagas.

TRES

Los tipos de negociación

HAY DOS TIPOS de negociación. Cada uno de ellos tiene un propósito diferente y un resultado deseado diferente. El problema es que a menudo se confunden en la mente del negociador, lo que conduce a peores resultados de lo que podrías lograr si fueras absolutamente claro con lo que estabas haciendo y lo que querías lograr.

El primer tipo de negociación, o de tipo I, es lo que yo llamo un estilo «excepcional». En esta situación, solo vas a negociar o hacer frente a la otra parte una vez y nunca más. Cada parte de la negociación tiene un solo objetivo: conseguir el más alto o más bajo precio y los mejores términos y condiciones para esta única compra o venta.

No hagas prisioneros

En la negociación de tipo I, te encuentras en una posición de confrontación con la otra persona. Su objetivo es pagar menos, si compra, o extraer el precio más alto posible, si vende. No es tu amigo. No importa lo mucho que sonría, o cómo de educado y cortés sea en la negociación, está pensando solo en sí mismo y en su propio beneficio o recompensa. Al final del día, no le importa si pagas demasiado o conseguiste demasiado poco.

En este tipo de negociación, debes ser tranquilo, astuto y egoísta. Tienes derecho a usar cualquier posible truco o maniobra para conseguir el mejor trato posible. Una vez que la transacción se ha completado, debes asumir que nunca verás o sabrás de esa persona otra vez. No importa si esa persona te quiere, te respeta o quiere ser tu amigo. Lo que importa es que obtengas el mejor trato posible. En los últimos capítulos, aprenderás una serie de estrategias y tácticas que puedes utilizar para aumentar tu éxito en este tipo de negociación.

Negociación a largo plazo

El segundo estilo de negociación es la negociación a largo plazo, o de tipo II. Aquí tienes la intención de entrar en un acuerdo más complejo que debe llevarse a cabo durante un período prolongado de tiempo. En este caso, debido a la naturaleza del producto, servicio, contrato o acuerdo en discusión, puedes estar trabajando con la misma persona u organización durante muchos meses o años en el futuro.

Hace treinta años, cuando empecé a producir programas de aprendizaje de audio y video con un fabricante/distribuidor en Chicago, estaba agradecido por la buena voluntad de la empresa a la hora de comercializar mis programas a nivel nacional e internacional y, afortunadamente, la empresa me ofreció un conjunto de términos y condiciones que eran tanto justos como estándares en la industria. Hoy, treinta años después, todavía trabajo en estrecha colaboración con esta empresa y las personas clave de la organización, desde el presidente hacia abajo.

Durante décadas, el mercado ha cambiado, muchas personas han ido y venido, y se han introducido más productos en el mercado, se han vuelto populares y finalmente han desaparecido. Pero en este tiempo, mi relación con las personas clave del negocio ha sido amable, cordial, educada y profesional. Haber tratado siempre la relación como una participación a largo plazo, ha dado lugar a algunas de las mejores oportunidades de negocio y resultados de mi vida.

El contrato chino

Comencé a usar esta estrategia hace años y la he enseñado a miles de empresas y ejecutivos que han pasado a utilizarla, con gran satisfacción y excelentes resultados. Vamos a empezar por comprender la diferencia entre un acuerdo contractual occidental estándar y un contrato chino.

En Occidente, una enorme cantidad de tiempo se dedica a la negociación de la letra pequeña de un contrato. «El contratante de la primera parte deberá hacer esto… y el firmante de la segunda parte deberá hacer esto otro…». Este contrato, entonces, se convierte en la base para toda la relación comercial. Se espera que cada parte cumpla los compromisos firmados, palabra por palabra, en el contrato escrito. Cualquier desviación del contrato escrito puede dar lugar a rupturas en el acuerdo, sanciones e incluso litigios.

En la cultura china, donde paso una buena cantidad de tiempo cada año, los términos y condiciones del contrato son negociados, discutidos y acordados. A continuación, se escriben en un papel, se estudian, se revisan y se firman debidamente por ambas partes.

En un contrato occidental, este paso es el *final* de las discusiones o negociaciones. Pero en el contrato chino, este es el *comienzo* de las negociaciones y discusiones.

En la mentalidad china, todo lo que puede ser pensado o previsto se escribe. Pero hay un claro entendimiento de que, mientras el acuerdo progresa, surgirá nueva información y se plantearán nuevas situaciones. Esta nueva información y nuevas situaciones requerirán revisar el contrato para que todavía sea justo y equitativo para ambas partes.

Siempre que negocio con un homólogo (y tengo acuerdos con clientes en más de sesenta países), a menudo cerramos acuerdos complejos, de varias partes, que implican muchos miles de dólares, con un par de páginas.

Desde el comienzo, diré: «Vamos a crear *un contrato chino*. En este tipo de contrato, tú y yo acordaremos sobre términos y condiciones básicas del trato que vamos a realizar juntos. Pero yo quiero que ambos seamos felices. Si en algún momento sucede algo que cambie la situación en torno a este contrato, vamos a sentarnos y a renegociar los términos y condiciones para que los dos sigamos estando contentos».

Y la buena noticia es esta: mis socios y yo nunca hemos tenido una discusión, un desacuerdo o litigio sobre uno de estos «contratos chinos». En todos los casos hemos permanecido abiertos, amistosos y centrados en maximizar el beneficio para cada parte en el proceso de nuestro trabajo conjunto.

CUATRO

Relaciones de negocios vitalicias

PASA LO MISMO en casi cualquier negocio. Comienzas a trabajar con una empresa o un individuo, por lo general en un nivel inferior, y con el tiempo, esa relación de negocios puede convertirse en una de las partes más importantes de tu vida financiera y personal.

Gerard Nierenberg, una eminencia en negociación profesional, dijo una vez que el propósito de la negociación es «llegar a un acuerdo de manera que todas las partes satisfagan sus necesidades hasta el punto en que estén internamente motivadas para cumplir con sus compromisos y entren en negociaciones y transacciones posteriores con la misma parte».

Dividamos esta definición en sus partes constituyentes. En primer lugar, «llegar a un acuerdo...» significa que el objeto de una negociación en curso no es ganar o perder, ni derrotar al oponente, sino llegar a un acuerdo de alguna clase. Cuando ambas partes inician el proceso de negociación con un sincero deseo de encontrar la manera de llegar a un acuerdo, los comportamientos de las dos partes son bastante diferentes del estilo de negociación excepcional, y los resultados son por lo general mucho mejores.

La segunda parte de la definición, «... de manera que todas las partes satisfagan sus necesidades...», reconoce que cada parte en una negociación tiene deseos y necesidades que son diferentes de los de la otra parte. Es por eso que la negociación o discusión está sucediendo en primer lugar. Para un acuerdo a largo plazo, es esencial que ambas partes busquen la manera de asegurarse de que las necesidades esenciales de la otra parte quedan satisfechas.

Ambas partes deben ser felices

La tercera parte de la definición, «... hasta el punto en que estén internamente motivadas para cumplir con sus compromisos...», significa que ambas partes quedan tan contentas con los resultados de la negociación que quieren que el acuerdo comercial que sigue tenga éxito y están más que dispuestas a cumplir las promesas que hicieron en la negociación para poder disfrutar de los beneficios del acuerdo.

Una vez estaba teniendo una conversación con un alto ejecutivo de una organización educativa de gran tamaño. Él me dijo, muy orgulloso, que había negociado un muy buen contrato con una empresa editorial. Les había «hecho morder el polvo», así que finalmente acordaron avances y términos de derechos que estaban muy por encima de lo que la compañía estaba pagando a otros autores y desarrolladores de programas.

Yo acababa de pasar a ser uno de los desarrolladores de productos de esta editorial, y me sorprendió saber que este señor había conseguido un trato mucho mejor en la negociación de lo que yo había recibido en el trato con esta misma editorial en los últimos años. Cuando llamé al presidente de la compañía, me explicó que la otra parte fue bastante agresiva y exigente durante la negociación. No había ninguna flexibilidad o voluntad de compromiso. O el editor acordaba pagar tasas más altas, o esta parte no solo se iría, sino que hablaría mal de la editorial a los demás.

El presidente dijo: «No queríamos a nadie enfadado en el mercado, así que amablemente accedimos a sus términos y condiciones. Ahora tenemos los derechos exclusivos para producir y distribuir su producto, pero no la obligación. No tenemos ninguna intención de hacerlo. Su producto se mantendrá en nuestros estantes de manera indefinida hasta que vengan y pregunten de nuevo. En ese momento, se lo devolveremos y luego terminaremos nuestra relación con ellos de forma permanente».

Este alto ejecutivo había obtenido lo que parecía ser un excelente precio, por encima del mercado, para su producto. Pero debido a que perdió de vista la importancia de una relación a largo plazo, él y su compañía acabaron con nada más que un contrato con un conjunto de precios y términos que la otra empresa no tenía compromiso o motivación para cumplir.

La ley del esfuerzo indirecto

En negociación, hay un principio llamado ley de esfuerzo indirecto. Dice que logras más cuando actúas indirectamente en lugar de directamente. Por ejemplo, cuanto más duro presiones para alcanzar tus propias metas en una negociación, menos éxito tendrás. Cuando tú estás forzando claramente para lograr las cosas que deseas, las otras personas se sienten obligadas a retroceder para protegerse y defenderse a sí mismas.

Pero cuanto más duro parezca que estás trabajando para encontrar una manera de satisfacer a la otra parte (el enfoque indirecto), más abierta estará la otra persona a trabajar para lograr un acuerdo que sea satisfactorio para ti.

Ralph Waldo Emerson dijo: «Para tener un amigo, primero debes ser un amigo». Mediante el uso de la ley del esfuerzo indirecto, cuando te centras en alcanzar un acuerdo que vaya al mejor interés de las personas con las que negocias, estas se relajarán y empezarán a buscar la manera de entrar en un acuerdo que sea satisfactorio para ti también.

Es por eso que siempre digo: «Independientemente de lo que decidamos hoy aquí, quiero que seas feliz. Estoy abierto a cualquier idea y sugerencia que tengas para comprobar que quedarás satisfecho al final de nuestras discusiones, y también más adelante. Por supuesto, yo quiero quedar contento también, pero me parece que si me concentro en que tú seas feliz, por lo general se resolverá de forma satisfactoria también para mí».

Este enfoque desarma casi invariablemente a mi contraparte negociadora, y casi siempre llegamos a un acuerdo satisfactorio para ambas partes. Los dos nos marchamos felices.

Piensa en el futuro

La cuarta y última parte de la definición de Nierenberg es «... y entren en negociaciones y transacciones posteriores con la misma parte». Esta es la parte más importante de todas dentro de un acuerdo comercial a largo plazo. Significa que ambas partes quedan tan contentas con la forma en que ha resultado el acuerdo que están dispuestas y deseosas para entrar en acuerdos futuros una y otra vez.

Hoy día, las mejores empresas se posicionan como «socios» frente a sus clientes, intermediarios y proveedores. En lugar de difundir su negocio a un gran número de otras empresas, consolidan su negocio con un solo proveedor con el que trabajan en estrecha colaboración para desarrollar relaciones de alta garantía que lleven a una mayor calidad, una mayor eficiencia y, finalmente, a precios más bajos y mayores beneficios para ambas partes. Esta es la estrategia utilizada por casi todos los líderes de negocios en todas las industrias actuales.

El tipo II de negociación es un proceso que no tiene verdadero principio, mitad o final, porque va en un ciclo continuo. El punto de partida de este tipo de negociación es la construcción de relaciones de calidad basadas en la confianza y la credibilidad. Las mejores relaciones de negocios que tendrás, ya sea para ventas, compras, empleo, financiación, o cualquier otra cosa, serán las que estén basadas en un contrato con el que todo el mundo sea feliz, y que continúe de diferentes maneras indefinidamente.

El peor tipo de negociación es aquella en la que, cuando termina, ninguna de las partes está satisfecha. Ninguna de las partes quiere negociar de nuevo con la otra parte. Y ambas partes se sienten incómodas y desmotivadas sobre el cumplimiento de sus compromisos en virtud del acuerdo.

CINCO

Los seis estilos de negociación

HAY VARIAS MANERAS diferentes de negociar, pero debes tener claro el estilo de negociación que estás utilizando y el rendimiento o resultado que persigues.

Negociación de ganar-perder

El primer estilo, llamado «negociación de ganar-perder», es cuando la parte A consigue lo que quiere y la B pierde. Este es el objetivo del tipo I de negociación, como explicamos en el capítulo tres. Es el enfoque de negociación que se utiliza en una transacción única, en la que deseas vender al precio más alto o comprar al precio más bajo. Tu enfoque en este tipo de negociación no es hacer amigos o establecer relaciones a largo plazo. Se trata simplemente de obtener el mejor trato posible. No te importa especialmente si la otra persona no está contenta o satisfecha con el precio o las condiciones. Tu objetivo no es otro que ganar.

Por supuesto, este no es el tipo de negociación que lleva a negocios o transacciones adicionales, excepto en casos especiales, como cuando estás empeñando tu propiedad para conseguir dinero rápido. En este caso, el que recibe el empeño es el ganador, pagando una fracción del valor del artículo, y la persona que empeña el artículo es la perdedora, recibiendo una fracción.

Negociación de perder-ganar

El segundo estilo de negociación es la «negociación de perder-ganar», y es lo contrario de la negociación de ganar-perder, o simplemente el reverso del primer estilo. La parte B consigue lo que quiere y la parte A pierde. Las necesidades de B quedan satisfechas y las necesidades de A no. Este enfoque de la negociación se utiliza cuando cada parte ve a la otra parte como un rival o adversario, que hay que superar con ayuda de cualquier medio disponible.

Negociación en la que todos pierden

El tercer enfoque es la «negociación en la que todos pierden». En esta situación, ambas partes llegan a un acuerdo donde *ninguna* de las dos queda satisfecha, porque ninguna de las partes obtiene demasiado de lo que esperaba. Este tipo de negociación viene a menudo acompañada por el antagonismo, la animosidad y la discusión.

Por ejemplo, el marido llega a casa y le dice a su esposa: «Vayamos a cenar fuera esta noche. ¿Adónde te gustaría ir?».

Ella responde que le gustaría salir a comer marisco. Él responde que está harto de marisco y preferiría comida italiana. Ella dice que ha tomado demasiada comida italiana últimamente y no le interesa. Para mantener la paz, finalmente ambos acuerdan ir a tomar comida china, que no es lo que ninguno de ellos quiere, pero parece que es el único trato que funciona en este caso.

Esta es una negociación en la que todos pierden. La esposa no consigue lo que quiere y tampoco lo hace el marido. Pero aceptan los resultados de la negociación, porque al menos consiguen algo en lugar de nada.

Negociación de compromiso

El cuarto tipo de negociación se llama «de compromiso». En una negociación de compromiso ambas partes obtienen algo y por lo tanto mejoran, pero las necesidades de ninguna de las partes se consuman completamente. Al final de la negociación, ambas partes se separan con un mal sabor de boca. No son tan infelices como para negarse a llegar a un acuerdo, pero no están particularmente entusiasmadas con los resultados de la negociación.

Negociación sin acuerdo

El quinto estilo se llama «negociación sin acuerdo». En esta situación, tú y tu contraparte presentan sus posiciones, necesidades e intereses y comprueban que no se puede llegar a un acuerdo. Están demasiado separados. Están de acuerdo en que no están de acuerdo. Cada uno se va por su lado, sin animosidad o infelicidad. La puerta sigue abierta a los dos para negociar en un momento posterior, cuando las condiciones sean diferentes.

Por ejemplo, quieres comprar un artículo en particular, pero el precio es demasiado alto. Ofreces un precio más bajo, pero la otra parte rechaza tu oferta. Tú no estás dispuesto a pagar más, y el otro no está dispuesto a rebajar más. No hay trato.

Negociación en la que todos ganan

Por último, está el mejor tipo de acuerdo: una «negociación en la que todos ganan». Esto es lo que estás buscando. En una negociación en la que todos ganan, ambas partes sienten que han triunfado. Ambas partes sienten que han logrado un excelente negocio. Ambas partes quedan felices, satisfechas y con ganas de cumplir con sus compromisos y entablar ofertas adicionales sobre las mismas bases o similares.

En la mayoría de los casos, una negociación en la que todos ganan requiere llegar a una tercera alternativa mejor que cualquiera en la que se hubiese pensado inicialmente. Ambas partes entran en la negociación con una serie de ideas, intereses y posiciones fijas en sus mentes. A menudo se encuentran con que es imposible un compromiso entre las dos posiciones distintas. Pero entonces dan con una tercera alternativa que es, en la mayoría de casos, diferente a lo que cualquiera de las partes había pensado cuando entró en la negociación.

Una negociación en la que todos ganan se produce cuando la tercera alternativa resulta ser superior a lo que cualquiera de las partes había puesto primeramente sobre la mesa.

Busca una solución en la que todos ganan

Hace tiempo, yo estaba negociando un acuerdo para un plan de desarrollo de inmuebles de 330 viviendas con los miembros del ayuntamiento. Mis clientes habían comprado la propiedad en las afueras de la ciudad y habían hecho todo el trabajo de diseño para la subdivisión. Sin embargo, los regidores de la ciudad exigían diez mil dólares por lote, un total de 3.3 millones en efectivo, por adelantado, para mejoras del entorno. Esta no era una cantidad irracional, porque el pueblo tendría que gastar mucho dinero para dar cabida a la nueva subdivisión. El problema era que mis clientes no tenían el dinero para pagar por adelantado.

Justo cuando parecía que habíamos llegado a un callejón sin salida, y mis clientes estaban empezando a pensar que el acuerdo se les escapaba de las manos, propuse una solución en la que todos ganábamos. «Parece que el último escollo tiene que ver con los 3.3 millones —dije—. Aquí está mi solución: estamos de acuerdo en darles los 3.3 millones que solicitan».

Entonces, seguí hablando: «Vamos a estar de acuerdo con todo lo que hemos discutido en los últimos tres días, incluyendo el pago a la ciudad de 3.3 millones de dólares, pero necesitamos una pequeña concesión. Les pedimos que se comprometan a recibir 3.3 millones, a razón de diez mil dólares por lote a medida que los vendamos a constructores y proyectistas».

Se hizo el silencio en la sala. Al final, el alcalde rompió el silencio. «Bueno, por supuesto que nos gustaría obtener la totalidad del importe por adelantado —dijo—, pero si el pago parcial a medida que se venden los lotes es lo mejor que pueden ofrecer, podemos cargar con eso».

El acuerdo se cerró.

La razón por la que cuento esta historia es porque este es el tipo de cosas que suceden una y otra vez cuando buscas una solución en la que todos ganan. Prepárate para abrir la mente. Sé claro acerca de lo que cada parte debe tener en una negociación, y luego valora si no puedes encontrar una manera de alcanzar estos objetivos comunes para que todos se sienten ganadores.

SEIS

Los usos del poder en la negociación

CASI SIEMPRE TIENES más poder en una negociación del que crees que tienes. Incluso cuando sientes que la otra persona tiene todo el poder, puede ser que tú tengas algo que ella quiere, o puedes encontrar algo que ella quiere que inclinará el equilibrio de poder de nuevo hacia tu lado.

Hay varias maneras en las que puedes aumentar tu poder en una negociación, en particular mediante la preparación, la autoridad, el conocimiento de la otra parte, la empatía, la recompensa / castigo y la inversión.

El poder de la preparación

Cuanto más a fondo estés preparado e informado al entrar en una negociación, mayor poder tendrás. Haz tus tareas. Robert Ringer, un negociador experto, contaba que llevó a un contable, un abogado y un gerente de negocios a una negociación con un propietario único de bienes inmuebles.

Esto creó una abrumadora percepción de competencia y conocimiento de la transacción en discusión.

El poder de la autoridad

Dejar claro que tienes la autoridad para comprar o no comprar —tomar la decisión de comprar o no— te da poder. Además, cuando dejas claro que estás informado en este campo, y que estás bastante seguro y tienes experiencia sobre lo que los precios, términos y condiciones deben ser exactamente, eso a menudo intimida a la otra persona para que te ofrezca un mejor trato.

El poder del conocimiento de las necesidades de la otra parte

Cuanto más sepas acerca de la situación de la otra parte, mayor fuerza tendrás en una negociación. Si descubres que la otra persona tiene la necesidad urgente de un producto o servicio que tú puedes ofrecer, o que la otra empresa tiene graves problemas financieros y necesita capital o crédito, estás en una posición más fuerte para negociar un trato excelente.

El poder de la empatía o identificación

Este es un poder utilizado por los principales negociadores en casi todas las áreas. Cuanto más tiempo dediques a establecer una relación cálida con la otra persona, más probable será que tu oponente se relaje y se abra a negociar contigo en mejores condiciones.

El poder de premiar y castigar

Este es un poder esencial que puedes y debes desarrollar en una negociación. Cuando tienes la capacidad de conferir recompensas o beneficios sobre alguien, o de retener recompensas y beneficios, más propensos están a hacer negocios contigo. Van a querer negociar contigo.

El poder de la inversión

Esto se refiere a la cantidad de tiempo y esfuerzo que tú o la otra persona han puesto en esta negociación. Si solo has pasado cinco minutos, hay poca inversión de tu parte. Pero si has dedicado cinco días, semanas o meses trabajando por un acuerdo, has hecho una inversión sustancial, y dejas una impresión definida en la otra parte. Cuanto mayor es la inversión de la otra parte, o de ti mismo, mayor es el poder que tienes en la negociación.

SIETE

Poder y percepción

LA PERCEPCIÓN LO ES TODO en el poder. No es el poder que tienes lo que cuenta, sino el poder que la otra persona piensa que tienes.

Un buen amigo mío, que había ganado una vez muchos millones de dólares, perdió todo su dinero en la Gran Recesión. Se vio obligado a recortar en todos los ámbitos, incluyendo la venta de su gran yate y su casa en los exclusivos Hamptons.

Pero nunca se lo contó a nadie.

Hoy está recuperándose. Él está comprando y vendiendo, negociando y comerciando, ampliando una empresa y vendiendo otra. Debido a que todo el mundo cree que todavía es rico, se comporta como si tuviera la misma influencia financiera de hace años. La percepción lo es todo.

La importancia de la percepción se aplica a los tipos de poder utilizados en la negociación, tal como se describe en el capítulo anterior. Aquí hay algunas otras maneras en que el *poder percibido* puede influir en las negociaciones.

El poder de la escasez

A menudo las personas no saben lo mucho que quieren adquirir un producto o servicio hasta que parece que no serán capaces de conseguirlo. La percepción de que tienes algo escaso que otras personas necesitan, y que otras personas lo quieren y están dispuestas a comprarlo de inmediato, te da una excelente capacidad de regateo en una negociación.

El poder de la indiferencia

Cultivas una actitud de indiferencia permaneciendo en calma y sin mostrar emociones durante la negociación, creando así la percepción de que en realidad no te importa si compras o vendes el producto. Esto se suele llamar «cara de póquer».

Cuando miras los campeones de póquer en la televisión, te das cuenta de que sus rostros mantienen la calma y parecen casi aburridos durante toda la partida. Es aún mejor si la otra parte está dispuesta a hacer el trato, de una manera u otra. Si eres indiferente y la otra persona no, conseguirás una oferta mejor.

El poder de la valentía

Demuestras valentía en tu voluntad de asumir una posición fuerte en un acuerdo, hacer una oferta o demanda clara e inequívoca, arriesgarte al fracaso de la negociación y marcharte de un acuerdo si es necesario. Cuando la otra parte ve que estás completamente seguro de lo que estás haciendo y lo que estás ofreciendo, a menudo queda condicionada a darte un mejor precio o disposiciones.

El poder del compromiso

Si la otra parte ve que estás totalmente implicado en la conclusión de la transacción y en hacer el trato, y que vas a hacer lo necesario para lograrlo, desarrollas la percepción de poder.

Durante la Segunda Guerra Mundial, el ejército británico tenía 80.000 soldados en Singapur y estaba bien provisto para luchar contra una invasión. Sin embargo, con menos fuerzas, los japoneses arrebataron Singapur a los británicos. Convencieron a los británicos de que estaban tan comprometidos con la victoria que iban a invadir la isla y matar a todos, incluyendo a los civiles. Debido a que los japoneses ya habían invadido Malasia, causando grandes bajas, los británicos no tenían ninguna razón para dudar de su compromiso para invadir Singapur. Esta percepción de la determinación de Japón causó que los británicos capitularan.

El poder del conocimiento y la experiencia

La parte con mayor percepción de conocimiento o experiencia tiene un tremendo poder en la negociación. Si estás vendiendo un producto o servicio complejo o sofisticado, tu control de datos o tecnología te da una clara ventaja sobre un comprador con un menor nivel de conocimiento sobre el producto o servicio.

Los negocios minoristas de mayor éxito en el mundo son las tiendas de Apple. Mientras Tiffany & Co. de Nueva York tiene una venta promedio de alrededor de dos mil dólares por metro cuadrado, el promedio de ventas en una tienda de Apple es de 4.600 dólares. ¿Por qué? Debido a que las personas que trabajan en las tiendas de Apple están tan increíblemente bien informadas sobre los productos y servicios que venden que la gente paga cientos y miles de dólares para comprar productos que ni siquiera sabían que querían cuando entraron por la puerta.

OCHO

El impacto de las emociones en la negociación

LA EMOCIÓN ES un factor clave en las negociaciones. Las emociones, especialmente las de *deseo, codicia, miedo* o *ira*, pueden beneficiarte o perjudicarte en una negociación. Cuanto más puedas mantener tus emociones fuera del proceso de negociación, más capaz serás de conseguir la mejor oferta para ti o tu organización. Cuanto más emocional seas, menos capaz serás de negociar bien en tu propio favor.

Las emociones distorsionan las valoraciones. Eres incapaz de pensar con claridad y tomar buenas decisiones cuando te dejas llevar por tus emociones. Todo lo que hagas para mantener la calma durante una negociación te ayudará a obtener un mejor trato.

¿Cuán desesperadamente lo quieres?

La emoción más poderosa en la negociación es el *deseo*. Cuanto más quieras comprar o adquirir un producto o servicio en particular, o vender algo, menos poder tendrás en la negociación.

Si quieres algo tan desesperadamente que puedes notarlo, es probable que pagues casi cualquier precio. Si la otra persona sabe lo desesperado que estás por algo, tendrá una ventaja sobre ti.

¿Recuerdas el poder de la *indiferencia* mencionado en el capítulo anterior? Hazte algunas preguntas. ¿Qué pasaría si no adquirieras ese producto? ¿Qué es lo peor que podría suceder si no pudieras tener éxito en esa negociación o compra? Si no lo consigues, ¿te dolería?

Mentalízate de antemano de no alcanzar el objeto de tu deseo. Cuanto más tranquilo estés sobre la idea de no tener éxito en la negociación, ya sea comprando o vendiendo, más capaz serás de pensar, y tomarás mejores decisiones.

Controla tus emociones

La *codicia* es otra emoción que ejerce un efecto desmesurado en tu pensamiento. La idea de obtener algo por nada, o adquirir algo a un costo o precio sustancialmente menor de lo que pensabas que pagarías, puede distorsionar tus emociones y hacer que sea difícil que pienses con claridad. La misma idea de conseguir algo que no te mereces, o algo que parece una tremenda oferta, puede afectar tu capacidad de tomar una decisión racional.

Junto al deseo y la codicia, el *miedo* es la más peligrosa de las emociones. Cuanto más miedo tengas ante un resultado, más fácilmente te emocionarás para tomar una acción que puede no actuar en tu mejor beneficio. Esta es la razón por la cual la indiferencia ante si adquieres o no un cierto objeto, o logras un resultado determinado en una negociación, es una maravillosa manera de calmar tus emociones.

Por último, otra emoción importante que puede causar que tomes decisiones pobres en la negociación es la *ira*. El miedo y la ira son de uso frecuente por los negociadores manipuladores para que la gente se lance sin pensar a tomar una decisión que no es buena para ellos.

Mantén la calma en todo momento

Cada vez que sientas que te emocionas en cualquier negociación, pide un «tiempo muerto». Tómate un descanso. Camina. Regresa después de almorzar u otro día. Disciplínate para no tomar una decisión importante o acordar una condición cuando estás bajo las garras de una emoción de cualquier tipo.

Hazte la pregunta: «¿Y qué?». El acuerdo se bloquea o no avanza, ¿y qué? Un mentor mío, un hombre de negocios muy exitoso, me dijo una vez algo que nunca olvidaré. Cuando me entusiasmaba con un negocio potencial, él decía: «Brian, las ofertas son como los autobuses. Siempre habrá otra que venga detrás. No te emociones o te inquietes con esta. Si no toma forma con fluidez, olvídate. Otra cosa llegará».

Un hombre sabio me dijo una vez: «A veces los mejores tratos son aquellos en los que no te involucras».

Practica el desapego

La clave para gobernar tus emociones es prepararte psicológicamente, por adelantado. Practica el desapego. Cuando entres en una negociación, respira profundamente. Obsérvate cuidadosamente y mantén la calma, como un budista.

No te involucres emocionalmente o te identifiques demasiado con el acuerdo.

Tu capacidad para mantener una sensación de calma, un claro desapego es la clave para mantener una posición de fuerza. Recuerda que la persona más implicada emocionalmente en el logro de un resultado particular es la que tiene menos poder.

NUEVE

El elemento del tiempo en las decisiones

EL TIEMPO Y LA PLANIFICACIÓN son factores clave en una negociación efectiva. Muy a menudo, puedes obtener un excelente acuerdo en una negociación si planeas cuidadosamente el calendario de antemano.

El secreto está ahí fuera

Por ejemplo, en la compra de un coche nuevo, hay una estrategia que puedes utilizar. Los vendedores y gerentes de ventas tienen cuotas que cumplir cada mes. Si visitas un concesionario en las tres primeras semanas del mes, todavía no están bajo ninguna presión de cumplir con su cuota. Debido a esto, pedirán los precios más altos posibles y serán menos flexibles en la negociación.

El mejor momento para comprar un coche es en los últimos dos o tres días del mes. Puedes ir al concesionario antes para probar el vehículo y seleccionar el coche que deseas comprar. Pero espera hasta los últimos dos o tres días del mes para comenzar a negociar los precios, términos y condiciones finales. Siempre obtendrás un mejor trato, y a veces un trato mucho mejor.

Hace algunos años estaba dando un seminario de ventas ante más de mil personas. Mencioné este factor del calendario con respecto a la compra de un coche como un comentario casual para las personas entre la audiencia que podrían estar pensando en adquirir un coche en el futuro. Para mi asombro, resultó que había casi cien vendedores de coches de diferentes empresas repartidos por el público. Estaban furiosos por mi «revelación». Cuando el seminario terminó, me persiguieron por la calle gritando e insultándome por haber difundido uno de los secretos mejor guardados de las ventas de automóviles.

Cuidado con el sentido de urgencia

Quizás el factor más importante en el tiempo tiene que ver con el sentido de urgencia. Cuanta más urgencia tengas por comprar algo, menos poder de negociación tendrás. Los buenos vendedores y negociadores utilizan todos los dispositivos para crear un sentido de urgencia que debilite la capacidad de sus clientes de negociar con efectividad a su favor.

«Si no podemos llegar a un acuerdo hoy —dice el vendedor— mañana por la mañana cambiarán los precios». O: «Tenemos una oferta especial en este artículo concreto, pero termina hoy a las cinco. Después vuelve al precio original».

Para contrarrestar esta técnica, cuando alguien te diga que debes tomar una decisión inmediatamente o perderás los términos y condiciones especiales, responde diciendo: «Si tengo que tomar una decisión de inmediato, la respuesta es *no*. Pero si tengo la oportunidad de considerar tu oferta con cuidado, la respuesta puede ser diferente».

Antiguamente, en la historia estadounidense, los cuerpos de bomberos eran propiedad privada y estaban atendidos por los comerciantes locales. Cuando la casa de una persona se incendiaba, el dueño de la casa podía enviar a alguien al departamento de bomberos a solicitar un camión de bomberos tan pronto como fuera posible. Cuando el camión de bomberos llegaba a la casa en llamas, el propietario del camión de bomberos negociaba con el dueño de la casa el precio de apagar el fuego. Como te puedes imaginar, el dueño de la casa no estaba en condiciones de negociar muy bien a su favor. Fue a causa de este desequilibrio que todos los departamentos de bomberos con el tiempo se convirtieron en propiedad y gestión de la ciudad.

No te apresures en una decisión

Otra técnica manipuladora es la «avalancha». Se produce cuando la otra parte intenta apresurarte o aligerarte para que tomes una decisión antes de tener la oportunidad de pensarlo mucho. Cada vez que alguien trate de apresurarte a tomar una decisión, puedes contrarrestarle diciendo: «Necesito más tiempo para pensar acerca de esta decisión. Te la haré saber en una fecha posterior».

Los excelentes negociadores, de hecho, utilizan el tiempo para retrasar. El retraso es la forma más cruel de negación. Cuanto más te demores en una negociación o en una resolución frente a una persona que quiere llegar a algún tipo de conclusión, mayor fuerza tienes.

La demora para llegar a un acuerdo es una técnica poderosa que puedes utilizar para protegerte. Posterga las decisiones serias durante al menos veinticuatro horas para permitir la reflexión y una mayor consideración. Cuanto más demores la toma de una decisión en una negociación, mejor capacidad tendrás para tomar una mejor decisión. El acuerdo final que consigas mejorará también.

Establece y evita plazos

Otro dispositivo útil en relación con el tiempo y la planificación es el plazo. Siempre que sea posible, fija un plazo con la otra parte para la toma de decisiones. Dile a la otra parte que si no tienes una decisión para un momento o fecha específica, todas las apuestas se paran. Los precios, términos y condiciones cambiarán. Venderás el producto o servicio a otra persona.

Herb Cohen, un excelente negociador y profesor de negociación, cuenta una historia sobre una valiosa lección que aprendió pronto en su carrera como ejecutivo.

Fue enviado a Japón para negociar un gran contrato de fabricación. Este acuerdo comercial potencial era importante para su empresa y para sí mismo como joven ejecutivo.

Cuando llegó a Japón, sus anfitriones lo recogieron en una limusina, lo llevaron a su hotel y le dijeron que se encargarían de todo durante su visita como invitado de honor. Le preguntaron por sus billetes de avión para que ellos supieran cuándo se iba y pudieran organizar el viaje de regreso al aeropuerto. Como resultado, ellos supieron que estaría seis días en Japón antes de regresar a Estados Unidos.

Durante los primeros cinco días, le dieron de cenar y beber generosamente. Lo llevaron a la planta y la recorrieron. Pero nunca hablaron de negocios. Debido a su cortesía, trató de ser lo más amable posible. Pero no llegaron a la negociación seria hasta el último día. Todavía estaban tratando los últimos detalles en el coche de camino al aeropuerto. Él aceptó un trato mucho peor del que habría conseguido si se hubiera dado cuenta de que estaban usando el tiempo en su contra.

La regla del 20/80 en la negociación

En la negociación y la planificación, la regla del 20/80 se aplica en un sentido especial. Esta regla dice que el último veinte por ciento de cualquier negociación tratará con el ochenta por ciento de los problemas importantes y el valor de toda la transacción. El primer ochenta por ciento de una negociación solo se ocupará del veinte por ciento de las cuestiones por decidir.

Debes aceptar que el primer ochenta por ciento del debate girará en torno a cuestiones sin importancia. Solo cerca del final de la negociación, cuando el tiempo se acaba, te sentarás, discutirás y, finalmente, acordarás los temas más importantes en consideración.

Lo que he aprendido es que hay que ser paciente durante la primera parte de la negociación. No tiene sentido tratar de correr. Si tienes dos horas para discutir una transacción, los puntos más importantes se decidirán en los últimos treinta minutos. Sé paciente.

DIEZ

Conoce lo que quieres

ES SORPRENDENTE cuántas personas entran en una negociación sin saber exactamente lo que quieren lograr, y cómo establecen sus metas y deseos a medida que avanzan. Son fácilmente influenciadas, inducidas y manipuladas para comprar o vender a precios más altos o más bajos.

La solución para esta situación es que pienses sobre tus resultados ideales deseados por adelantado. Hazte la pregunta: «Si esta negociación funcionara perfectamente para mí, ¿qué resultado habría de lograr?».

Piensa sobre el papel. Escribe y describe todo lo que deseas, por adelantado. Las personas que saben exactamente lo que quieren, y lo han puesto por escrito, tienen una clara ventaja sobre aquellas que son imprecisas o inseguras.

Debátelo con otros

Siempre que sea posible, debate la próxima negociación con otra persona y explica los detalles de un resultado perfecto. Este ejercicio de debatir con los demás y pensar sobre el papel no significa que obtendrás el producto o servicio de forma gratuita, o que vas a lograr un objetivo que perjudique a otra persona. Sin embargo, al pensar sobre la negociación con antelación, eres mucho más proclive a llegar a un resultado beneficioso para todos con el que tú y la otra persona quedarán satisfechos.

Como parte de este proceso, determina el precio que vas a tener que pagar para conseguir el resultado ideal. ¿Qué estás dispuesto a dar o conceder a fin de obtener lo que quieres de esta negociación o transacción?

Mejores, medios y peores resultados

Piensa en términos de tres niveles de resultados posibles: el mejor, el medio y el peor. Cuando entras en una sesión de negociación, debes tener estos tres resultados en mente y apuntar al mejor precio y término posibles desde el principio.

A menudo te sorprenderás de lo que sucede cuando inicias con el precio más alto posible para la venta y el precio más bajo posible para la compra. A veces, debido a factores sobre los que no tienes control, la otra parte estará de acuerdo contigo de inmediato, y no será necesario ir más allá en la negociación.

El resultado medio que has definido es aceptable, y el tercer resultado posible es lo peor que podría suceder. Si tienes que rebajarte a aceptar lo peor, este será lo más bajo que aceptarías para seguir adelante con la transacción. Esto se llama tu «posición de reserva definitiva». Llegarías hasta ese nivel a pesar de que odiarías hacerlo, pero es lo más bajo a lo que llegarás antes de alejarte. Por debajo de este nivel, no procederás. Así que determina con claridad, por adelantado, lo menos que vas a aceptar para estar totalmente preparado.

Comienza por la parte superior (o inferior)

¿Por dónde empezar a regatear en una negociación? Comienza ligeramente por encima de tu mejor u óptimo resultado. Puede que tengas que hacer concesiones en el camino y terminar en un nivel inferior, pero siempre comienza al mejor nivel que desees lograr.

Los negociadores laborales son famosos por utilizar esta táctica. En las negociaciones de contratos sindicales, los negociadores empiezan con una demanda de un aumento del cincuenta por ciento en la paga en un año, más mejoras en la atención médica, pensiones y otros beneficios. Presentan esta oferta como su demanda mínima para un nuevo contrato sindical.

Para cuando el polvo de esta sacudida se ha asentado, ya han aceptado un aumento salarial del cinco por ciento en dos años, sin mejoras en los planes médicos o de pensiones. Luego van a su sindicato y celebran esto como una gran victoria.

Sopesa tus mejores, medios y peores resultados con antelación, para tener absolutamente claro lo que quieres y lo que no vas a aceptar. Luego comienza con un resultado ideal y negocia hacia abajo (o hacia arriba) desde ahí.

ONCE

El proyecto de negociación de Harvard

LA FACULTAD DE HARVARD y su personal han estudiado miles de negociaciones, grandes y pequeñas, tanto en negocios como en política nacional e internacional. Identificaron cuatro elementos clave para la negociación exitosa. (Todo el proyecto de negociación de Harvard se explica en el libro *Sí... ¡de acuerdo!: cómo negociar sin ceder*, de Roger Fisher, William Ury y Bruce Patton.)

1. *Personas.* Una clave para la negociación exitosa es apartar las personalidades de las personas del problema y de los temas en cuestión. Permanece impasible. Mantén tu mente y tus ojos centrados en el tema de la negociación, y no permitas que las personalidades, ya sean positivas o negativas, te desvíen.

2. *Intereses*. Comienza la negociación identificando claramente los intereses o necesidades de las diferentes partes en la negociación. Antes de escribir una lista de lo que quieres, escribe una lista de los resultados que estás tratando de conseguir. A continuación, decide lo que tendrás que conseguir en la negociación con el fin de lograr tus objetivos.

Cuando te sientes con las diferentes partes, e incluso antes, tómate un tiempo para aclarar absolutamente lo que la otra parte quiere y necesita lograr de esta negociación. Pregúntales: «Si este debate fuera ideal, ¿qué resultado tendríamos que alcanzar al final, según su estimación?».

3. *Opciones*. Antes de entrar en una discusión sobre varios puntos, desarrolla una variedad de opciones en aquellas áreas donde no estás de acuerdo. Crea varias posibilidades. Utiliza métodos de intercambio de ideas para desarrollar enfoques alternativos. Puedes utilizar un mapa mental, una pizarra o un rotafolio.

4. *Criterios*. A menudo se les denomina «condiciones de contorno». Antes de negociar, acuerda la base del resultado o conclusión sobre algunos criterios objetivos. ¿Cómo vas a decidir si has llegado a un buen punto para ambas partes? ¿Qué estás tratando de evitar, lograr o preservar?

Una vez que ambos tengan claro lo que hay que lograr en la negociación para que ambas partes queden contentas, compara las diversas opciones y conclusiones contra este resultado final deseado. Tú dices: «Un buen negocio va a satisfacer *esta* condición. Nos dará *ese* resultado. Se logrará *aquel* objetivo». En otras palabras, declaras cómo se verá un buen trato, tanto para ti como para la otra parte.

Por último, revisa y discute las diferentes formas en que puedes alcanzar los intereses y las necesidades que darán cumplimiento a los criterios objetivos o condiciones de contorno que hayas establecido.

Este es un poderoso proceso de negociación que mantiene la mente de las personas centrada únicamente en los objetivos y les impide distraerse debido a las personalidades y los temas tangenciales.

DOCE

La preparación es la clave

LA PREPARACIÓN ES la verdadera marca del profesional. El ochenta por ciento de todo éxito en la negociación, si no más, se basa en una preparación minuciosa de tu parte antes de que la primera conversación tenga lugar.

Comienza por considerar el tema: ¿de qué vas a hablar? ¿Cuál es el propósito de esta negociación? Define claramente lo que quieres lograr y qué temas están sobre la mesa.

¿Cuáles son tus objetivos o metas para esta negociación? ¿Qué es lo que quieres lograr cuando entras a debatir? Cuanta mayor claridad tengas sobre tus metas, más rápido las lograrás, y más fácil será transmitirlas a la otra parte.

Las opciones equivalen a libertad

Tener opciones puede ser tu mejor aliado para conseguir la mejor oferta en cualquier negociación. Cuantas más opciones tengas, más libre serás de tomar la mejor decisión. En una negociación solo eres tan libre como tus opciones estén de desarrolladas.

Si no has desarrollado las opciones con antelación, tu única opción en una negociación es estar de acuerdo con lo que disponga la otra parte. Tus manos están atadas. Pero si tienes una variedad de opciones, o diferentes maneras de actuar, entonces tendrás una gran cantidad de fuerza, poder y ventaja estratégica. Desarrolla tantas alternativas como sea posible con mucha antelación, y sobre el papel. Piensa en ellas cuidadosamente antes de que comience la negociación.

Desarrolla continuamente más opciones

Haz tus tareas e investiga para encontrar otras fuentes del producto o servicio en cuestión. Averigua lo que debes pagar por ello, y los tiempos y fechas de entrega que serían. Con múltiples opciones, puedes entrar en una negociación tranquilo y relajado, lo que te permite aprovechar el poder de la indiferencia durante la negociación. Cuando tienes una serie de opciones bien desarrolladas, eres completamente libre de aceptar o rechazar los términos y condiciones de la otra persona. Siempre obtendrás un mejor trato a cambio.

Aprende todo lo que puedas

Una de las partes clave de la preparación es indagar un poco sobre la gente con la que negocias. Hoy en día, la mejor herramienta para la preparación previa a la convocatoria es Internet, especialmente Google. Es increíble lo mucho que puedes averiguar con un par de clics.

A menudo, conoces a alguien que haya negociado o tratado con estas personas. Llámale, explica tu situación y pide consejo. A veces, una palabra de consejo o idea puede darte una ventaja en la próxima negociación.

Haz un par de llamadas

Un amigo mío estaba considerando la compra de una empresa de fabricación. Esta empresa tenía una línea de productos que podían adaptarse a la perfección con su compañía. El dueño de la otra empresa exigía varios millones de dólares por su negocio, más una serie de términos y condiciones tras la compra.

Mi amigo llamó a su banquero y le preguntó si conocía a alguien en el banco del otro dueño de la compañía. Como sucede habitualmente, los banqueros conocen a otros banqueros, y él llamó al banquero de la persona que quería vender su empresa. Descubrió que la empresa se encontraba en serias dificultades financieras; si la administración no encontraba un comprador o una fuente de nueva financiación en pocos días, la empresa sería cerrada por el banco.

Con este dato, mi amigo fue capaz de sentarse con el exigente y proceloso propietario de la empresa y negociar una oferta extraordinariamente buena. Fue capaz de comprar la compañía sin ninguna inversión inicial, hacerse cargo de la deuda existente y pagar al propietario al cabo de un tiempo con los beneficios generados por el negocio.

Cuestiónate los supuestos

Peter Drucker escribió que «las suposiciones erradas son la raíz de cada fracaso».

Las presunciones incorrectas son una de las principales razones para el desacuerdo y los malentendidos en una negociación. Gran parte del tiempo que se gasta en una negociación se invierte en la resolución de supuestos erróneos de algún tipo.

Antes de comenzar las negociaciones pregunta: «¿Cuáles son mis suposiciones?». Más específicamente: ¿cuáles son tus suposiciones *obvias*? ¿Cuáles son tus supuestos *ocultos*? ¿Cuáles son los supuestos evidentes y ocultos de la otra parte? ¿Está tu contraparte suponiendo que realmente quieres entrar en este acuerdo? ¿Está asumiendo que eres indiferente, amistoso u hostil? ¿Está asumiendo que eres una buena persona o una persona difícil de tratar?

Prueba tus supuestos

Por encima de todo, ¿podrían ser equivocadas tus suposiciones? ¿Y si lo estuvieran? Si tus principales supuestos fueran equivocados, ¿cómo tendrías que modificar tus demandas o posiciones?

Una de las hipótesis que tenemos al entrar en una negociación es que la otra parte realmente quiere llegar a un acuerdo. A veces este no es el caso. Otros pueden estar negociando contigo solo para mejorar su posición negociadora con la parte con la que realmente quieren tratar. Simplemente quieren negociar contigo para encontrar el mejor precio que pueden obtener antes de hacer el trato que desean con otra persona.

Por lo tanto, piensa en cómo aclarar los supuestos de cada uno antes de entrar en los detalles de la negociación.

Identifica los principales problemas

Por último, en la preparación para la negociación, pregunta: ¿cuáles son los principales problemas? ¿Dónde nos diferenciamos en deseos o necesidades? ¿Cuáles son las áreas de conflicto o desacuerdo? ¿Qué detalles deben ser discutidos y resueltos?

Cuanto más cuidadosamente te prepares con antelación a una negociación, mayor fuerza tendrás, y mejor será el trato que conseguirás. La clave de la preparación es hacer tus tareas. Conoce los hechos. Obtén los hechos reales, no los hechos supuestos. El conocimiento es poder.

TRECE

Clarifica tus posiciones... y las suyas

TUS POSICIONES son puntos de partida. Incluyen de dónde vienes, a dónde vas y lo mucho o poco que puedes o vas a aceptar. Estos son tus criterios o «condiciones del contorno», tal como describí en el capítulo del proyecto de negociación de Harvard. Son las restricciones, los límites, los factores que deben ser tratados y resueltos en el acuerdo.

Tu posición se compone de tus resultados mejores y peores, más el rango mínimo y máximo de precios y las condiciones que puedes aceptar para llegar a un acuerdo.

La claridad es la reina

¿Cuáles son tus condiciones esenciales para una negociación exitosa? ¿Qué tienes que conseguir de este proceso con el fin de que valga la pena? ¿Cuáles son las cosas más importantes a las que no debes renunciar, pase lo que pase? ¿Y qué estás dispuesto a ceder a fin de obtener tus puntos esenciales?

¿Qué tipo de concesiones para el acuerdo puedes pedir u ofrecer? La regla es nunca dar una concesión en una negociación sin solicitar otra concesión a cambio. Si concedes cualquier cosa en una negociación sin pedir algo a cambio, la otra parte considerará esto como un signo de debilidad y exigirá concesiones adicionales para esa reciprocidad.

Conoce con qué estás tratando

¿Cuáles son los deseos o resultados esenciales de la otra parte? Haz todo lo posible por descubrir y considerar los mínimos y máximos de la otra parte. ¿Qué deben lograr o recibir en esta negociación, por encima de todo?

Hace algún tiempo, negocié un contrato de arrendamiento para un espacio de oficinas. En mi análisis de prenegociación, después de algunas investigaciones, descubrí que el propietario solo podía arrendar el local bajo ciertas condiciones. Tenía que recibir una cantidad determinada en el contrato de arrendamiento o el titular de la hipoteca no lo aprobaría. Con esta información, supe que los mínimos del propietario estaban dentro de unos parámetros específicos.

Había muchos factores en el contrato de arrendamiento que podían ser negociados por el propietario. Pero la renta básica estaba controlada por el titular de la hipoteca. Yo podía hablar de la cantidad de renta gratis, del estacionamiento, y así sucesivamente, con el propietario del edificio, pero el alquiler tenía un mínimo específico o no sería posible una aprobación.

También sabía que el dueño del edificio estaba pasando por ciertas dificultades financieras, y con el fin de mantener el edificio tenía que arrendar más del ochenta por ciento de la construcción en un corto período de tiempo.

Conocer los requisitos esenciales del propietario me hizo posible negociar un contrato mejor en cuanto a mejoras para el inquilino, gastos de áreas comunes y estacionamiento para mi personal.

Invirtiendo la situación

Una de las mejores maneras de mejorar los resultados de cualquier negociación es discutir el caso de tu oponente antes de empezar a preparar tu propio caso.

En la facultad de derecho, se enseña a los estudiantes a llevar el caso de la parte contraria y armar un argumento completo basado en los hechos del caso como si estuvieran actuando para la otra parte. Solo después de haberse preparado el caso de la otra parte preparan el suyo propio.

Este ejercicio le permite a un abogado o negociador en ciernes sopesar honesta y objetivamente las fortalezas y debilidades del oponente en una negociación. Esta misma técnica puede darte una perspectiva mucho mejor de lo que vas a discutir con tu contraparte, lo que te permite anticiparte a lo que es probable que pida y a la fuerza de sus argumentos.

Siempre revierte la situación antes de empezar. Ponte en la posición de la otra parte. Imagina que eres la otra persona y deseas conseguir el mejor trato posible de esta negociación. Si fueras la otra persona, ¿qué estarías pidiendo? ¿Cuáles son las fortalezas y debilidades de tu posición? ¿Qué es más importante, y qué lo es menos?

Lecciones de la negociación de un arrendamiento

Cuando estaba negociando un nuevo contrato de arrendamiento para la oficina, estuve frente a un propietario difícil y exigente.

Mi debilidad era que quería la comodidad de estar en mis oficinas actuales, pero no quería quedar atado a un contrato de arrendamiento de cinco años. Quería flexibilidad para poder mudarme a un espacio más grande o reducido si fuese necesario.

Antes de la negociación, me senté con un trozo de papel y escribí todo lo que se me ocurrió que el propietario pudiera pedir. Mi lista quedó con una veintena de elementos. Entonces, preparé mi propio lado de la negociación en otra hoja de papel.

A día de hoy miro hacia atrás sorprendido por lo mucho que mejoró el acuerdo que fui capaz de negociar solo pensando en su posición de antemano. En lugar de pasar varias horas discutiendo, nos las arreglamos para resolver todas las cuestiones en unos treinta minutos.

Piensa en ello por adelantado

En cada negociación donde he utilizado esta técnica, los resultados han sido los mismos. Siempre he sacado un trato mejor para mí y creado una situación ganadora para ambos. Recuerda que, en una negociación, cada parte tiene problemas que son muy importantes y otros temas que tienen entre media y baja importancia. La razón de que una negociación sea exitosa es que ambas partes son capaces de alcanzar sus objetivos más importantes, mientras que ceden en los objetivos menos importantes. Al escribir todas estas metas grandes y pequeñas sobre el papel antes de empezar, pensarás con mayor claridad, negociarás con mayor eficacia y conseguirás una oferta mejor.

Resultados ideales para todos

Hace algunos años, me preparaba para volar a Nueva York para negociar un contrato que se traduciría en ingresos para mí de cientos de miles de dólares. Me senté con un pedazo de papel y escribí exactamente cuál sería la solución ideal para mí.

Habíamos reservado un día entero para negociar los términos de este contrato. Pero en lugar de comenzar con el contrato, pregunté a mis colegas: «Si esta discusión fuese un éxito completo, ¿cuál sería el resultado perfecto para ustedes?».

Ellos quedaron un poco sorprendidos por la pregunta, pero respondieron con honestidad. Si este debate sobre el contrato fuera perfectamente bien, dijeron, acabaría con este precio (que mostraron) y estos términos. Eso sería lo ideal para ellos y, en sus mentes, lo ideal para mí.

A cambio, les dije cuál sería el resultado ideal para mí, que no estaba muy lejos de su objetivo de negociación. Nos pusimos de acuerdo rápidamente sobre los pequeños detalles y luego cerramos los principales temas. En lugar de ocho horas, toda la discusión llevó menos de dos horas, y todo el mundo quedó contento y satisfecho al final.

CATORCE

La ley de los cuatro

REVISANDO miles de negociaciones, tanto simples como complejas, nos encontramos con que por lo general hay solo cuatro principales temas que se decidirán en cualquier negociación. Habrá muchas cuestiones más pequeñas, pero por lo general solo hay cuatro *principales*. Ocasionalmente, puede haber uno, dos, tres o incluso cinco temas principales, pero esta ley dice que por lo general hay solo cuatro. Tu trabajo consiste en reflexionar e identificar cuáles serían esas cuatro cuestiones tanto para ti como para la otra parte, y lo que puedes hacer para lidiar eficazmente con ellas.

Habrá un tema *principal* que es más importante para el individuo, y habrá tres cuestiones *menores*, cada una de las cuales es importante, pero no tanto como el tema principal.

Cuando compras una casa, por ejemplo, tu primera preocupación será la propia casa: su distribución, el aspecto y el estado. Entonces, te preocupará el precio, la financiación y los términos, lo que se incluye en la compra, cuándo puedes ocuparla y otros detalles. Cuando vas a comprar un coche nuevo, otro ejemplo, tu cuestión principal es por lo general el modelo, color y tamaño del coche. Pero dado que el mismo coche se puede comprar en más de un concesionario, los temas a ser negociados serán el precio, el valor de permuta, los accesorios y/o las condiciones de pago. Una vez que te hayas decidido sobre un coche en particular, tu principal preocupación será probablemente el precio total del coche. A continuación, podrás negociar sobre el valor de intercambio de tu coche actual, los accesorios y la tasa de interés y las condiciones de pago.

Estancamiento en la negociación

En una negociación, cada parte tiene una cuestión en el número uno que es diferente a la de la otra parte. Si ambas partes tienen el mismo asunto como principal preocupación, se hace muy difícil negociar o llegar a un acuerdo.

Por ejemplo, desde 1947, en Oriente Medio ha habido negociaciones en marcha entre israelíes y palestinos. El principal asunto para ambas partes es la tierra de Israel y la existencia del estado de Israel. El asunto número uno para los israelíes es la existencia continua de su estado. El asunto número uno para los palestinos es la abolición del estado israelí. Mientras estas se mantengan como las posiciones principales de ambas partes, las negociaciones podrán continuar durante décadas, pero ninguna solución es posible.

Tu principal asunto

La ley de los cuatro es una tremenda herramienta mental en una negociación. Te da un mayor sentido de claridad. Al identificar tu principal preocupación, y la de la otra parte, a menudo puedes encontrar un entendimiento ganador donde ambas partes obtengan el elemento más importante que quieren de la negociación. A continuación, puedes negociar y ceder en cuestiones más pequeñas.

Hay un punto final acerca de la ley de los cuatro. Parece que los principales asuntos para ambas partes son los que serán objeto de acuerdo al final. La regla 20/80 es aplicable en la negociación. El último veinte por ciento de una negociación incluye el ochenta por ciento de los asuntos más importantes en discusión.

Acuerdo sobre las cuestiones no controvertidas

Anteriormente, describí una negociación inmobiliaria que incluía un acuerdo de desarrollo muy largo con cincuenta y dos cambios. Lo que yo he descubierto negociando este tipo de acuerdos es una técnica o táctica que es extremadamente eficaz: revisa la totalidad del acuerdo, desde la primera página hasta la última, y discute todas las cláusulas, condiciones, plazos y problemas donde pueda haber una diferencia de opinión o deseo.

Verás que tú y la otra parte coincidirán en gran parte del ochenta por ciento de los términos y condiciones de un contrato, no importa lo extenso que sea. Cuando llegues a un término o condición donde no hay acuerdo, coincide con saltarlo por el momento y pasar a la siguiente cláusula o condición en la que no hay desacuerdo. Cuando hayas revisado todo el acuerdo, recorre el acuerdo de nuevo, de adelante hacia atrás y revisa las cuestiones en las que no hay acuerdo. En la segunda iteración, comenzarás a detectar maneras de conceder, comprometer y regatear para resolver estas cuestiones. Pero todavía habrá cuestiones que quedarán sin resolver.

A continuación, revisa el acuerdo por tercera vez, y una cuarta vez si es necesario. En un momento determinado, encontrarás «los cuatro puntos finales». Llegarás a la etapa en la que hay cuatro cuestiones, con una cuestión importante que debe ser resuelta y tres temas menores. Ahora ya estás listo para algunas negociaciones serias.

Términos de empleo

En la solicitud de un nuevo puesto de trabajo, tu negociación sobre salario y beneficios puede tener un efecto importante sobre cuánto ganas y lo feliz que serás en ese trabajo en los próximos años.

La mayoría de la gente comienza pensando que su principal preocupación es conseguir el salario más alto posible desde el principio. Sin embargo, muchas empresas tienen restricciones sobre cuánto pueden pagar por un trabajo en particular. Muy a menudo, un empleador no será capaz de satisfacer tus expectativas salariales. En ese caso, baja una marcha. Negocia otros beneficios como un vehículo de la empresa, un mejor plan de salud, más tiempo libre que el requerido por la ley, horas de trabajo flexibles y otros detalles importantes.

Una de las mejores estrategias es estar de acuerdo con el salario ofrecido, una vez que te das cuenta de que el empleador es inflexible, y luego llegar a un acuerdo sobre lo que tendrás que hacer o lograr para conseguir un aumento de sueldo. Es importante que obtengas el acuerdo del empleador de hacer una revisión al cabo de noventa días; si has logrado ciertos puntos de referencia, identificados por escrito y definidos numéricamente, recibirás un aumento de un determinado importe. Esta es una buena estrategia de negociación cuando estás empezando en un nuevo trabajo de cualquier tipo.

QUINCE

El poder de la sugestión en la negociación

LOS SERES HUMANOS están muy influenciados por su entorno, y por el poder de sugestión contenida en las personas y situaciones que los rodean.

Completamente el noventa y cinco por ciento de tu pensamiento, sentimiento y toma de decisiones está influenciado o totalmente controlado por tu entorno sugestivo. Tu trabajo consiste en: 1) estar al tanto de las influencias sugestivas que te rodean y el impacto que pueden tener en tu pensamiento, y el pensamiento de la otra parte; y 2) hacer todo lo posible por controlar esos elementos.

Tomemos, por ejemplo, la *ubicación*. La ubicación en la que una negociación se lleva a cabo puede tener un impacto importante en los términos y condiciones acordados. Cuando estás en la oficina de otra persona y rodeado de los muebles, el personal y otros elementos de la otra persona, sufres de forma automática una situación de desventaja en la negociación en tu nombre. Estás en una desventaja psicológica distinta porque te encuentras fuera de tu zona de confort, y la otra persona está firmemente plantada en la suya. La otra persona tendrá una mayor confianza y una sensación de poder personal, y tú tendrás menos confianza y una menor sensación de poder.

Cambia la ubicación

Verás a menudo que en las negociaciones serias, tales como las relaciones de trabajo/gestión, de política y negocios, y en las especialmente complejas, las partes se pondrán de acuerdo para ir a un lugar separado que sea neutral y esté fuera de la zona de confort de cualquiera de ellas. Esto pone a las dos partes en igualdad de condiciones en cuanto al impacto sugestivo de su entorno.

Algo tan simple como ofrecer discutir un tema en el café o el almuerzo del restaurante local es superior a negociar algo serio en la oficina o en la sala de juntas de otra persona, o en cualquier otro entorno en el que la persona tenga ventaja psicológica.

El poder de la personalidad

La personalidad es otro elemento sugestivo. El mejor tipo de personalidad en una negociación es *empática*, *cálida* y *amable*. Cuanto más cómodo te sientas con la otra persona, más abierto y receptivo serás a las peticiones de esa persona en una negociación. Lo contrario también es cierto. Cuanto más amable y agradable seas, más probable será que consigas una oferta mejor que si fueras reservado o áspero.

La *empatía* ha sido identificada como la principal cualidad psicológica de los mejores vendedores. Las personas que son las mejores ayudando a otros a entrar en transacciones comerciales parecen tener un alto nivel de empatía. Son del agrado y respeto de la otra persona, y la otra persona se siente cómoda de entrar en acuerdos con ellas.

Posicionamiento y lenguaje corporal

Otro elemento sugestivo es el posicionamiento y el lenguaje corporal. Según Albert Mehrabian, de la UCLA, el cincuenta y cinco por ciento de tu comunicación con otra persona está contenida en tu lenguaje corporal: la forma de moverte físicamente y posicionarte en relación con la otra persona.

La regla básica en relación con el posicionamiento es evitar sentarte a la mesa en el lado opuesto a la persona con la que estás negociando. Cuando te sientas directamente al otro lado de una mesa o escritorio, automáticamente te pones en posición de confrontación. El mensaje inconsciente es que ambos son dos enemigos y están a punto de entrar en una «batalla» de algún tipo. Con los años, he comprobado que sentarme en una mesa redonda con la otra persona o sentarme en la esquina opuesta son mucho mejores posiciones para llegar a un acuerdo.

Tus manos transmiten un mensaje

Otro factor de negociación, o influencia sugestiva en la negociación con respecto al lenguaje corporal, es la manera en que sujetas las manos y los brazos, y la forma en que mueves tu cuerpo. Por ejemplo, cuando cruzas los brazos, pareces estar cerrándote a los argumentos de la otra persona. Señalas que estás rechazando o en desacuerdo con lo que la persona está diciendo.

Uno de los símbolos universales de apertura, honestidad y sinceridad son las manos abiertas. Cuando te sientas con los brazos desplegados y las manos con las palmas hacia arriba en una negociación, sugieres que lo que estás diciendo es razonable, aceptable, amable y no representa una amenaza para la otra persona.

Cuando te inclinas hacia adelante, prestando mucha atención a la otra parte, centrándote en la boca de la persona cuando está hablando y asintiendo, se crea una impresión positiva y cálida de una persona interesada y sincera que realmente quiere encontrar un acuerdo aceptable para los involucrados.

Otros elementos sugestivos

- *Comodidad.* Tienes más probabilidades de negociar un mejor trato si tu entorno físico —mobiliario, iluminación, temperatura— es cómodo.

- *Descanso o fatiga.* Tienes siempre más posibilidades de negociar con eficacia si estás bien descansado antes de entrar a discutir.

- *Alimentos, hambre y sed.* Cuando comes bien antes de iniciar una negociación, el cerebro es capaz de funcionar a su mejor rendimiento. Lo mismo sucede con la hidratación. Los mejores alimentos del cerebro son ricos en proteínas de algún tipo. Evita el pan, los bollos, el bacon, las salchichas o los embutidos, todo lo que en realidad te haga sentir somnoliento a mitad de la mañana. La negociación después de compartir una comida con la otra parte es también una poderosa técnica sugestiva. Cada vez que compartimos una comida con otra persona, casi siempre nos sentimos mejor y con mayor cercanía con la otra persona. Nos gusta más la gente cuando compartimos algo con ellos.

- *Tu actitud.* El elemento final en el poder de la sugestión en la negociación es tu actitud. En una negociación, una actitud positiva —definida como alegría general y sensación de optimismo— es mucho más eficaz que una actitud negativa para conseguir los resultados que deseas.

DIECISÉIS

Persuasión por reciprocidad

EN SU LIBRO *Influencia*, Robert Cialdini enumera los factores que tienen un mayor impacto en la forma en que la gente piensa y te responde. La más potente de todas las influencias, en su opinión, es el poder de la *reciprocidad*. Una amplia investigación muestra que la reciprocidad —dar y recibir— es la forma más eficaz de obtener acuerdo y compromiso.

Los seres humanos tienden a ser *justos* en sus interacciones con los demás. Esto significa que cuando haces algo por mí, me siento obligado a corresponder, de hacer algo por ti de igual o mayor valor. Este es un instinto humano natural y normal. Es la base de la civilización, y la fundación de la ley de contratos, que hace posible todos los negocios.

Haz cosas por los demás

Lo que esto significa en una negociación es que cada vez que haces algo bueno por los demás, incluso acercarles la silla o prepararles una taza de café, se activa dentro de ellos un deseo inconsciente de corresponder: de devolverte de forma positiva tu amabilidad.

Siempre que preguntas a otras personas acerca de su vida, trabajo o familia, y escuchas con interés genuino mientras hablan, les haces sentirse felices con ellos mismos.

Utiliza el método socrático

Para activar la reciprocidad, utiliza el método socrático de la negociación. Sócrates dijo: «En primer lugar, decidan sobre todas las áreas en las que estén de acuerdo antes de pasar a las áreas más polémicas donde tienen diferencias de opinión».

Como se dijo en un capítulo anterior (la ley de los cuatro), recomiendo que inicies la negociación o discusión pasando por cada elemento individual, uno por uno. Verás que siempre hay un gran número de cuestiones sobre las que tú y la otra persona están de acuerdo, y que ambos aceptan. Cuando ambos discuten y acuerdan sobre una variedad de temas, construyen un impulso positivo hacia el logro de un acuerdo.

Deja cosas aparte

Cuando examinas los diversos temas en una negociación y llegas a un punto con el que la otra persona no está de acuerdo o es inflexible, di inmediatamente: «Regresaremos a ello más tarde».

Cuanto más rápido pases de largo una cuestión controvertida, menos negatividad y resistencia habrá por parte de la otra persona. Cuantos más aspectos se hayan acordado inicialmente, más fácil es para la otra persona estar de acuerdo en otros puntos posteriormente. Haciendo que la discusión sea fluida y fácil al principio, la otra parte querrá corresponder después haciendo que los temas subsiguientes sean también fáciles y sin conflictos.

Al comienzo de una negociación, sé un «donante activo» en lugar de un ambicioso. Busca todas las maneras en las que puedas posiblemente estar de acuerdo con la otra persona. De esta manera construirás una propensión mucho mayor para que la otra persona quiera llegar a un acuerdo contigo.

Acuerda lentamente

Otra táctica de negociación que puedes utilizar, incluso si no tienes problemas con un punto en particular, es llegar a un acuerdo poco a poco, con escepticismo y cuidado. Si haces una concesión demasiado rápido, sin insinuar cierta reticencia, la otra parte creerá que el asunto no es importante para ti. Pero cuando actúas como si una concesión fuera importante, activas dentro de la otra persona el convencimiento de que tendrá que corresponder más adelante.

Presiona el botón de la equidad

Uno de los principios emocionales más importantes en las relaciones humanas y de negociación es el principio de equidad. Usa la palabra *justo* tan a menudo como te sea posible, ya que provoca en la mente de la otra persona el deseo de corresponder de un modo positivo. Haz declaraciones tales como: «Creo que lo justo sería hacer esto», o «Eso no me parece justo en esta situación». O, «Solo quiero lo que sea justo para los dos». Nadie va a discutir contigo tu deseo de ser justo.

Pide a la otra parte que corresponda

Cuando hayas concedido a regañadientes una serie de puntos de menor importancia, puedes decir: «Mira, hemos accedido a tus solicitudes en cada uno de estos puntos. Hemos cedido en todo hasta ahora, y todo lo que pedimos es que nos des un poco en estas otras áreas»... las cuales, por supuesto, son las más importantes para ti.

Precio y condiciones son diferentes

Recuerda que el precio y las condiciones son elementos muy diferentes en una negociación. Puedes estar de acuerdo con un precio mayor de lo que quieres pagar, siempre y cuando puedas conseguir términos que te sean favorables. Puedes decirle a la otra parte que pagarás el precio más alto si corresponden dándote mejores condiciones de pago.

Unos amigos míos estaban negociando sobre una propiedad de un millón de dólares. La propiedad en sí, basada en otras comparables en el mercado, no valía más de unos seiscientos mil. Pero los vendedores exigían un millón de dólares por su tierra porque un amigo personal cercano había vendido una parcela de tamaño similar por un millón de dólares a principios de ese año. Por supuesto, la otra parcela de tierra era mucho mejor, más adecuada para su desarrollo y más valiosa. Pero los dueños de la tierra insistían en que ellos querían recibir un millón por su tierra o no la venderían.

Mis amigos finalmente acordaron pagar el precio de venta, siempre y cuando pudieran recibir términos aceptables por parte del vendedor. Las condiciones eran pagar el millón de dólares durante veinte años, a cincuenta mil dólares por año, sin intereses. Cuando dividieran la tierra en parcelas separadas y las vendieran, acelerarían el pago a medida que ellos recibieran el pago de sus clientes.

Dado que el precio de un millón de dólares era el factor más importante para los propietarios de la tierra, y los términos y condiciones eran los factores más importantes para mis amigos, estos fueron capaces de llegar a un acuerdo satisfactorio donde ambas partes obtenían la cosa más importante que querían de esa venta.

Muy a menudo, cuando entres en una negociación, parecerá al principio que no hay lugar para poder llegar a un acuerdo. Pero cambiando el foco de atención del precio, que suele ser el principal problema, a los términos y condiciones de la compra, a menudo puedes encontrar un acuerdo beneficioso en el que todos ganan que haga felices a ambas partes. Algunas de las ofertas de negocios más importantes de la historia se han hecho de esta manera.

DIECISIETE

Persuasión por demostración social

UNA DE LAS influencias más poderosas del pensamiento es lo que otras personas «como yo» han hecho en una situación similar. Estamos excesivamente influenciados por el comportamiento de otras personas con las que nos identificamos y relacionamos.

Seguir el ritmo de los vecinos

Recuerdo una vendedora puerta a puerta de revistas que vino un día a mi casa. Era muy amable y alegre. Se presentó y luego dijo: «He estado visitando a sus vecinos, y las personas con las que hablo se suscriben de media a seis de las revistas que represento. Pensé que podría estar interesado en mirar esta lista también». Parafraseando las palabras de la película *Jerry Maguire*: «Me cazó con un *hola*».

Antes de que tuviéramos la oportunidad de pensar en ello, ya nos habíamos suscrito a seis nuevas revistas. Dudo de si alguna vez las leímos, pero qué diablos, si todo el mundo en nuestro barrio estaba comprando un promedio de seis de estas revistas, ¿cómo íbamos a rechazarlo?

Gente como nosotros

Estamos enormemente influenciados por lo que otras personas han hecho o comprado, especialmente las personas que sentimos similares a nosotros en intereses, ocupación, ingresos o incluso afiliación religiosa o política. Puede que estés negociando con alguien y que la persona parezca negativa o desinteresada. Entonces vas y dices: «Bueno, la razón por la que estoy contándote esto es porque tu hermano compró dos de estos cacharros la semana pasada». De repente, la otra persona casi siempre quiere comprar al instante, solo por saber que alguien que conoce, aprecia y respeta también ha hecho la misma compra o llegado al mismo acuerdo.

Reúne demostración social

Utiliza hechos, estadísticas, nombres, números, evidencias y pruebas de las personas conocidas por la otra parte. Cuando utilizas la demostración social, refiriéndote a otras personas que hayan tomado la misma decisión, esto implica que los términos y condiciones que estás pidiendo son razonables.

Por ejemplo, cuando estés comprando un coche nuevo, el vendedor tenderá a decir: «La gente de negocios, como tú, siempre elige la opción del GPS cuando compran este coche».

Te tiemblan las piernas cuando otra persona te dice que «la gente como tú» ya ha tomado esta decisión de compra y llegado a este acuerdo en particular. Hace tambalear la silla debajo de ti, reduciendo tu resistencia mental y emocional.

Menciona a «otros similares en situaciones similares» que hayan tomado decisiones y concesiones similares. Cuando te refieres continuamente a otras personas que han llegado a un acuerdo similar, se demuestra la razonabilidad y equidad de lo que estás pidiendo. Es un poderoso persuasor.

Gente con la misma ocupación

Digamos que estás negociando con un médico para la compra de un nuevo ordenador y sistema operativo con que gestionar su consulta. Cuando dices que otros médicos de su especialidad ya han comprado este sistema, su resistencia a la compra casi desaparece.

Cada vez que estás negociando un término o condición en particular que es objeto de controversia para la otra parte, da ejemplos de otras personas, similares a esta, que puedan haberse resistido a este término o condición al principio, pero que con el tiempo aceptaron. Es mucho más fácil para las personas ceder en una posición cuando les dices que otras personas como ellas han cedido también en tal posición o demanda.

Utiliza testimonios de toda clase

Una de las más poderosas manifestaciones de la demostración social es cuando das testimonios escritos, cartas o listas de otras personas que han llegado a un acuerdo en los mismos términos y condiciones que sugieres.

No hace mucho, yo me encontraba negociando una gran consultoría y contrato de formación con un banco importante. Debido al coste, la decisión fue subiendo hasta el presidente. Él envió el mensaje de que no se sentía cómodo entrando en el acuerdo. Pero si yo podía proporcionarle los nombres de otros bancos con los que había trabajado, tal vez cambiaría de opinión.

En veinticuatro horas, le proporcioné una lista de diez bancos, nacionales e internacionales, con quienes había trabajado en los últimos años. Incluso le di los nombres y números de teléfono de mis contactos en cada uno de los bancos. Sin embargo, a los cinco minutos de ver la lista, inmediatamente estuvo de acuerdo y firmó el contrato. Ni siquiera llamó por teléfono a nadie ni requirió ninguna prueba. Solo necesitaba saber que otras personas «como él» habían utilizado los servicios que yo estaba recomendando a su banco.

Al entrar en una negociación preparado para dar los nombres de los individuos y las organizaciones que ya han tomado esta decisión de compra, bajo estos términos y condiciones, mejoras significativamente tu probabilidad de contraer una oferta mejor. Es una de las herramientas más poderosas jamás descubiertas para la negociación de éxito.

DIECIOCHO

Tácticas de negociación de precios

EN EL CAPÍTULO TRES hablamos de dos tipos de negociación: a corto plazo, negociación de una sola vez, y a largo plazo. En la negociación a corto plazo, tu trabajo es conseguir el mejor precio y condiciones en ese momento, sin preocuparte por si vas a ver o a trabajar de nuevo con la otra persona.

Hay una serie de tácticas de negociación de precios que puedes utilizar para obtener un mejor precio o trato en una única compra o venta. Afortunadamente, estas tácticas también funcionan para la negociación de un acuerdo comercial a largo plazo, donde negociarás con la misma parte una y otra vez, año tras año.

Táctica 1: La agitación

No importa cuál sea el precio que la otra persona ofrezca, *agítate* como si acabaras de oír algo decepcionante. Pon una mirada triste o de dolor en tu rostro. Mueve los ojos hacia arriba y hacia atrás como si estuvieras experimentando un gran sufrimiento. Di algo así como: «¡Vaya! ¡Eso es un montón de dinero!».

Sorprendentemente, a veces una pizca de agitación hará que la otra persona altere el precio de inmediato. Y si el primer estremecimiento te hace lograr un precio más bajo cuando estás comprando, o una oferta más alta si estás vendiendo, prepárate para utilizarlo una y otra vez a lo largo de la negociación.

Táctica 2: Pregunta

Inquiere: «¿Eso es lo mejor que puedes ofrecer? ¿No puedes dar nada mejor que eso?».

Cuando preguntes el precio y la persona responda, haz una pausa, mira sorprendido o incluso asustado, y di: «¿Eso es lo *mejor* que puedes ofrecer?». Y entonces permanece totalmente en silencio. Si hay alguna flexibilidad, a menudo la otra persona bajará el precio o de otra manera elevará la oferta de inmediato.

Si la persona reduce el precio en respuesta a tus preguntas de si se trata de «lo mejor que puedes ofrecer», a continuación di: «¿Eso es realmente lo mejor que puedes hacer?». Sigue presionando por el precio más bajo posible y por los mejores términos. Continúa preguntando otra vez: «¿No podrías darme nada mejor que eso?». Recuerda, la gente con la que negocias no sabe si has hablado con alguien más que haya conseguido un trato mejor con ellos.

También puedes preguntar: «¿Qué es lo mejor que puedes dar si tomo una decisión hoy?». Esto agrega un elemento de urgencia y desencadena en la mente del vendedor el temor a perder la venta.

A veces puedes preguntar: «¿Me estás diciendo que nunca has vendido a nadie este artículo por menos de esa cantidad? ¿Nadie ha pagado nunca menos de ese precio?». Cada vez que hagas esta clase de pregunta directa, las personas se sentirán casi obligadas a decirte honradamente si alguna vez lo han vendido a un precio inferior.

Lánzate a las rebajas

Al comprar algo en tiendas de minorista, como muebles, aparatos o equipo de jardinería, puedes preguntar: «¿Alguna vez tienen este artículo en oferta?».

La mayoría de las empresas minoristas tienen rebajas especiales sobre determinados artículos cada año. Cuando te dicen que tal artículo por lo general se rebaja en primavera, puedes responder: «Bueno, me perdí las rebajas la última vez, pero me gustaría conseguirlo a ese precio hoy».

A veces, solo con dar a los vendedores una buena razón para ofrecerte un mejor precio les persuade e influye para bajarte el precio.

Táctica 3: Afirmación

Sea cual sea el precio que te den para un artículo en particular, responde de inmediato: «Yo puedo conseguirlo más barato en otro sitio».

Cuando les dices a los vendedores que puedes conseguir más barato un artículo yendo a uno de sus competidores, se ablandan de inmediato y comienzan a dar marcha atrás en el precio. La afirmación «Puedo conseguirlo más barato en otra parte» suele destruir la resistencia del precio porque el vendedor piensa que vas a ir a otro lugar.

Recuerda, sé siempre amable y cordial, incluso en este tipo de negociación. Cuando preguntas de una manera agradable, es mucho más fácil para la persona hacer concesiones que si eres serio o agresivo.

Táctica 4: Regatear a la baja

Cuando alguien te pida cien dólares, regatea a la baja y di: «Te daré cincuenta dólares en efectivo justo ahora».

Cada vez que ofreces dinero en efectivo de inmediato, la resistencia al precio de la otra parte disminuye dramáticamente. Hay razones por las que ofrecer un acuerdo en efectivo hace que la gente sea más abierta a hacer negocios contigo. Las tres más obvias son: 1) la reducción de los costes de inventario, 2) no hay impuestos en las tarjetas de crédito, y 3) la sensación de «gratificación instantánea».

Poniendo otro ejemplo, digamos que ofreces cincuenta dólares por un artículo que vale cien y el vendedor regatea a su vez bajando su oferta a sesenta. Muy a menudo, verás que incluso si regateas a un precio que parece ridículo, los vendedores todavía estarán dispuestos a vendértelo por mucho menos de lo que nunca pensarías que tendrías que pagar.

Táctica 5: El mordisco

Un mordisco es un *extra*. Tú dices algo así como: «Está bien, estaré de acuerdo con este precio si los portes son gratis».

Si la otra parte vacila sobre añadir algo más al acuerdo, puedes decir de una forma agradable: «Si no incluyes la entrega gratuita, entonces no hay trato en absoluto».

Aquí está la clave para usar el mordisco: estar de acuerdo sobre la compra del artículo principal, coincidir en el precio y los términos. Haz que parezca como si fuese un trato hecho. El vendedor cree que ha vendido el artículo a un precio que estará encantado de recibir. Y entonces haces peticiones adicionales extras. Es una táctica que funciona incluso si el «artículo» que estás comprando es una casa, un coche o un barco.

Lecciones de la compra de una casa

Acabas de llegar a un acuerdo para comprar una casa a un precio determinado. Una vez que hayas accedido a la fecha de ocupación y el precio de compra, pero antes de firmar cualquier documento, solicita que los vendedores incluyan los muebles, las cortinas y el equipo de jardinería en el precio de la oferta. Es bastante sorprendente cuántas personas venderán una casa amueblada, así, por el mismo precio que pedían por la casa sola.

A raíz de la dramática caída del mercado inmobiliario, un amigo mío compró una casa que había sido puesto a la venta en 2.4 millones de dólares. Después de seis meses de negociaciones, el matrimonio de ancianos accedió finalmente al precio de un millón, solo para librarse de la casa y de los costes de mantenimiento. Entonces mi amigo, que es un excelente negociador, dijo: «Por supuesto, este precio incluye todos los muebles, incluyendo las obras de arte, ¿no es así?».

Y así fue. La casa estaba muy bien amueblada y había más de cien mil dólares en obras de arte en su interior. Pero debido a que estaban dispuestos a vender la casa, y también se dieron cuenta de que no tenían lugar para poner los muebles, dijeron «¿Qué diablos?», y le dieron todo lo que pidió, a pesar de terminar vendiendo a un precio mucho más bajo del que esperaban conseguir.

DIECINUEVE

El método de marcharse

ESTA ES UNA de las herramientas más poderosas de la negociación. De hecho, nunca deberías entrar en una negociación seria a menos que estés preparado para irte si no alcanzas tus metas más importantes en una transacción.

Anteriormente, hemos hablado de la importancia de desarrollar opciones (capítulo doce) y descubrir qué más hay disponible. Es importante realizar una investigación sobre tus interlocutores en las negociaciones para averiguar cuáles son sus auténticos deseos, necesidades y problemas. Cuando entras en una negociación, deberías tener toda la información que necesitas para que puedas marcharte de inmediato si no estás satisfecho con el precio o las condiciones.

El reverso de desarrollar opciones es entrar en una negociación sin ninguna otra alternativa que encontrar alguna manera de llegar a un acuerdo con la otra persona. Cuando no tienes opciones, no tienes oportunidades.

Cuando no tienes oportunidades, no tienes libertad. Y cuanta mayor libertad tengas en una negociación, mejor trato obtendrás para ti.

Prepárate para marcharte de cualquier negociación

En una negociación, hago todo lo posible para estar en una posición donde pueda irme en cualquier momento. Esto me otorga un gran poder de negociación. Casi siempre me asegura que llegue una oferta mejor de la que hubiera recibido si no hubiera desarrollado mis opciones y no estuviera dispuesto a «apretar el gatillo».

Utiliza el método de marcharte cuando desees obtener el precio más bajo posible en una compra, y el precio más alto posible cuando estés vendiendo. En una negociación, suelo decir: «Solo dígame su mejor precio, una vez, y yo diré sí o no, si voy a comprar o no».

Toma ventaja

Este tipo de declaración suele desconcertar a otras personas. Esperaban empezar con un precio muy diferente. Ahora se enfrentan a mi marcha desde el principio si su precio no es razonable.

O bien, si soy el comprador, le diré al vendedor: «Dime cuál es tu precio para marcharte». En otras palabras, dime el precio por debajo del cual no vas a vender. Dime tu precio final, y si puedo satisfacerlo, entonces podemos hablar de ello. Pero si no puedo, entonces me marcho y nos olvidamos.

Muy a menudo, este enfoque te acerca de inmediato a un precio muy por debajo del precio que la otra parte iba a dar de inicio.

Niégate a objetar

Especialmente cuando tengo prisa, prefiero no objetar. Prefiero el precio para marcharme. He comprado casas, automóviles, electrodomésticos y muchas otras cosas utilizando esta aproximación. Cuando estoy vendiendo algo, empiezo casi todas las conversaciones diciendo: «Esta es la menor cantidad que voy a aceptar. Si esta cantidad no es aceptable, lo comprenderé».

A veces, la gente preguntará: «¿Qué pasa si realmente quieres comprar el producto o servicio, y ahora te has atrincherado diciendo que vas a irte?».

Simple. Recuerda que marcharte no es más que otra forma de negociación. Puedes levantarte y salir de la habitación o de la tienda, y luego dar la vuelta y regresar. Pero la regla es la siguiente: nunca sabes el mejor precio hasta que te levantas y amenazas con irte.

Lecciones de la compra de un coche

Cuando quise comprar un coche nuevo para mi esposa, fuimos a la concesionaria que vendía el tipo de coche que ella quería. Mi esposa y yo íbamos acompañados de dos amigos bastante bien informados sobre la compra y venta de coches.

Después de ver y probar el coche que era exactamente el adecuado para mi esposa, nos sentamos a negociar. Pero primero dije: «He trabajado en el negocio de automóviles durante muchos años. Sé exactamente cuál es el sobreprecio de estos vehículos, y la cantidad de beneficios que usted necesita hacer con cada coche para permanecer en el negocio.

Por favor, dígame su mejor precio para este coche, y le diré si es o no aceptable. ¿Está de acuerdo?».

La vendedora sonrió y dijo que sería perfectamente aceptable. Luego dio un precio de 30.000 dólares por un coche que yo sabía que el distribuidor podía vender por 25.000 dólares y aun así obtener una ganancia.

Miré el número y le dije: «Gracias. Esto es lo que voy a hacer: voy a pagarle 25.000 dólares en efectivo por este coche, en este momento, todo incluido, impuestos y seguro entre ellos».

Cuando ella insistió en que 30.000 dólares era el mejor precio que podía ofrecer, mi esposa, nuestros dos amigos y yo nos levantamos y nos dirigimos hacia el estacionamiento. La vendedora corrió detrás de nosotros y nos dijo que tenía que hablar con su superior. Tras un breve debate entre los dos, la vendedora regresó con un precio «imposible de mejorar» de 28.995 dólares. Una vez más, nos fuimos de allí.

Nos fuimos y regresamos tres o cuatro veces. La vendedora venía, insistía en que ella ofrecía el precio más bajo posible que podía dar, y nosotros nos marchábamos. Por último, con su gerente de ventas y todos los involucrados, ella ofreció venderme el coche por 25.000 dólares.

Recuerda, nunca sabes cuál es el mejor precio hasta que te levantas y te vas. Simplemente tienes que reunir el coraje para hacerlo, una y otra vez, hasta que se convierta en una parte normal y natural de tus habilidades de negociación.

VEINTE

Las negociaciones nunca terminan

LA NEGOCIACIÓN DEBE ser vista como un proceso continuo. Ninguna negociación termina. Si obtienes nueva información que cambia tu perspectiva sobre la situación, regresa y pide la reapertura de la negociación.

Antes hablamos del «contrato chino». Si estás negociando con otra parte con la que tienes intención de negociar una y otra vez durante años, la felicidad de la otra parte debe ser una preocupación importante para ti. Invita a la otra parte a que acuda de nuevo a ti si la situación cambia y ya no se contenta con lo que han acordado.

Nunca te sientas atrapado después de haber firmado un acuerdo tras una negociación. Queda siempre dispuesto a volver y pedir a la gente que modifique los términos y condiciones. Todo lo que pueden decir es no, y en la mayoría de los casos, cuando se trata de una negociación a largo plazo, la gente de negocios inteligentes buscará una manera de hacerte feliz, teniendo en cuenta los cambios que hayan tenido lugar en la situación.

Ofrece algo a cambio

Cuando vuelvas y pidas renegociar un acuerdo, asegúrate de que tienes algo que ofrecer. Nadie va a renegociar seriamente un acuerdo contigo a menos que de alguna manera sea evidente que hay un beneficio o ventaja de algún tipo para ellos. Es tu responsabilidad pensar en lo que puedes ofrecer a la otra parte antes de pedir a otro que ceda en una condición que va a terminar costándole dinero de alguna manera.

Piensa en el beneficio o ventaja que puedes ofrecer a la otra parte como un incentivo para reabrir las negociaciones y modificar los términos y condiciones. Escribe una lista de todas las cosas que tienes para ofrecer, y «vende» tu petición de renegociar con la otra parte sobre la base de estos beneficios.

Ve a tu banco

Al inicio de mi carrera me encontré con dificultades financieras. La economía se había derrumbado de repente y mi negocio se había reducido en más de un cincuenta por ciento. Tenía un préstamo bancario y no podía hacer los pagos mensuales de ese préstamo. ¿Qué podía hacer?

Descubrí un pequeño secreto de la industria bancaria. Si un préstamo va mal, los gerentes de los bancos o los oficiales de crédito se meten en serios problemas con sus superiores. Pero tú puedes mantener un préstamo *al día* simplemente pagando el interés cada mes. Mientras que el banco reciba el interés sobre el capital que ha adelantado, el préstamo se considera todavía actual en los libros del banco y nadie se mete en problemas.

Así que me dirigí al director de mi banco, Bob Murray, y le dije que ya no podía cumplir con los pagos de capital mensuales, pero que mantendría el préstamo al día pagando los intereses si él aflojaba durante unos meses hasta que mejorara mi negocio.

Para mi sorpresa, aceptó de inmediato. Él mismo reescribió el préstamo frente a mí, calculó la cantidad de interés mensual sobre el préstamo y me preguntó si podía hacer los pagos cada mes.

Le aseguré que podía. Me lo agradeció mucho, me dio la mano y nuestra relación continuó adelante.

Llama a tus acreedores

En otra ocasión, mi negocio se metió en serios problemas y no podía pagar todas mis facturas. Tenía miles de dólares de cuentas que pagar por impresión, alquiler, servicios públicos, transporte, registro y servicios a empresas legales y otras. Es una situación muy desagradable en la que estar.

Así que, en lugar de evitar las llamadas telefónicas y los agentes de recaudación, hice una lista de todos mis acreedores y, a continuación, visité a cada uno de ellos personalmente, cara a cara. Les conté a todos la misma historia.

«En esta recesión económica, mi negocio está en serias dificultades —les dije—. Pero hay una luz al final del túnel. Puedo ver que en tres o seis meses mi negocio se recuperará sustancialmente, y seré capaz de pagar hasta el último centavo que les debo, con intereses. Sin embargo, si continúan llamándome e insistiendo en los pagos, me limitaré a colapsar mi empresa, declararla en quiebra y marcharme. No recibirán ni un centavo. ¿Que les gustaría hacer?».

La gente de negocios es flexible

Una vez más, fue increíble. Dijeron: «Si va a comprometerse a hacer un pequeño pago en su cuenta cada mes, esto nos permitirá mantener su cuenta al día. En ese caso, trabajaremos con usted hasta que su negocio se recupere y pueda pagarlo todo».

Así lo hice, y así lo hicieron, y todos lo logramos. En seis meses, mi negocio se había recuperado y yo pude pagar hasta el último centavo que debía.

Si actualmente te encuentras en una mala situación debido a una negociación en la que entraste en el pasado, o debido a gastos en los que hayas incurrido y no puedes satisfacer todavía, no tengas miedo de volver y pedir un cambio en los términos y condiciones. Si eres razonable y ofreces una solución razonable, te sorprenderás de lo razonables que otras personas serán también.

VEINTIUNO

El negociador de éxito

¿CUÁLES SON las señas de un negociador exitoso y cómo puedes saber si eres uno? Si observas a los negociadores exitosos, encontrarás varias características y prácticas comunes.

En primer lugar, consideran la negociación como un proceso para toda la vida; nunca se acaba. Ven toda la vida como un proceso de comprometerse y adaptarse a intereses en conflicto. Continúa todos los días, en casi todas las áreas. Idealmente, es un proceso en el que todos ganan, pero este resultado a veces no es deseable ni necesario.

Los buenos negociadores tienen la mente abierta y se adaptan a una situación cambiante. No adoptan posiciones rígidas. Los negociadores malos tienen una sola idea en mente y luchan por ella, incluso si la situación ha cambiado.

Los buenos negociadores son flexibles y rápidos identificando objetivos comunes en la negociación. Están dispuestos a cambiar o eliminar una posición si la nueva información sugiere que sería una buena idea.

Los negociadores exitosos son cooperativos, no combativos. No miran la negociación como una pelea ni se ven a sí mismos en una relación de confrontación.

Los negociadores excelentes son más creativos que competitivos. En lugar de tratar solo de ganar, tratan de encontrar una solución con la que ambas partes sean felices.

Por último, y lo más importante, no son manipuladores. No utilizan trucos o engaños para llevar a la otra parte a una situación de ganar-perder, donde ellos ganen y la otra persona pierda.

En una negociación puntual, el buen negociador hace todo lo posible para obtener el mejor trato, entendiendo que esta es la única vez que una negociación se llevará a cabo. Cualesquiera que sean los términos acordados, las dos partes probablemente nunca negocien de nuevo. El objetivo es conseguir la mejor oferta.

Sin embargo, en la negociación comercial, donde las dos partes probablemente negocien y trabajen juntas de nuevo, el negociador excelente ya está pensando en la próxima negociación antes de que la negociación actual haya finalizado. El pensamiento del negociador debe ser a largo plazo.

En todos mis años de negociación, nunca he encontrado que los negociadores inteligentes entraran en ofertas superiores como resultado de cualquier tipo de engaño. Hay muchos libros y cursos que te dicen cómo utilizar tácticas del tipo «inversión de papeles» y técnicas de «poli bueno / poli malo», en las que se intenta engañar a la gente psicológicamente para tomar compromisos o decisiones. Estos métodos rara vez funcionan en el mundo real.

En el mundo real, son los hombres y mujeres honestos, directos, sencillos y sinceros con una idea clara de lo que quieren lograr, y el compromiso de entablar un acuerdo con el que todo el mundo puede vivir, quienes tienen mayor éxito en la negociación.

No tienes que ser astuto y manipulador para tener éxito como negociador. Puedes ser, en cambio, sencillo, honesto y completamente claro con lo que quieres, y luego buscar la mejor manera de conseguirlo en tu discusión con la otra parte.

Los cuatro básicos

Recuerda los cuatro elementos básicos de la negociación en que se basan todas las negociaciones exitosas. Si te acuerdas de estas cuatro claves, te convertirás y permanecerás como un excelente negociador:

1. *Obtén los hechos y prepárate con antelación.* El poder está siempre del lado de la persona con mayor conocimiento, la mayoría de las opciones, la mayoría de la información y las mejores alternativas. Prepárate con antelación, y aprende todo lo que puedas acerca de los deseos, necesidades y la situación de la otra parte.

2. *Pide lo que quieres.* Pide tu camino al éxito. Di: «Antes de comenzar, me gustaría decirte lo que realmente me gustaría sacar de esta negociación». No tengas miedo de pedir mucho al entrar en una negociación, sobre todo en cuanto al precio y las condiciones, porque estos son siempre elementos arbitrarios que están sujetos a la discusión y al cambio.

3. *Busca soluciones en las que todos ganan.* En cualquier acuerdo de negocios a largo plazo en curso no trates de ganar o manipular para conseguir un acuerdo que vaya en detrimento de la otra parte. Busca un acuerdo beneficioso para todos o no hagas tratos. Recuerda que la vida es larga, y lo que va, vuelve. Si llegas a un acuerdo que sea perjudicial para la otra persona hoy, este se puede volver en tu contra más adelante y te costará mucho más que la ventaja a corto plazo que ganaste.

4. *Practica, practica, practica.* Negocia en cada ocasión y en cada oportunidad. Ya sea que estés comprando ropa, automóviles, electrodomésticos o una propiedad, asegúrate de practicar, practicar y practicar tus habilidades de negociación. Tu capacidad de negociar, que solo viene con la práctica continua, te puede ahorrar un veinte por ciento o más de todo lo que ganas o pagas durante el resto de tu vida. Las buenas habilidades de negociación pueden ahorrarte dinero, tiempo y energía. Te pueden hacer una persona mucho más eficaz y contribuir sustancialmente al éxito de tu carrera en los negocios y en la vida.

Los buenos negociadores se hacen, no nacen. La buena noticia es que puedes aprender a ser un excelente negociador mediante el estudio de la materia, la aplicación de lo que has aprendido en este libro y con la práctica de estas técnicas una y otra vez hasta que estas se conviertan en una segunda naturaleza. Tendrás una amplia gama de oportunidades, porque la negociación es un proceso para toda la vida. Nunca termina.

¡Buena suerte!

ÍNDICE

ACERCA DEL AUTOR

BRIAN TRACY es orador, preparador, líder de seminario, consultor y presidente de Brian Tracy International, una compañía de formación y consultoría situada en Solana Beach, California.

Brian impulsó su camino hacia el éxito. En 1981, en charlas y seminarios por todo Estados Unidos, comenzó a enseñar los principios que había forjado en ventas y negocios. Hoy sus libros y sus programas de video y audio —más de 500— están disponibles en 38 lenguas y son usados en 55 países.

Es el autor superventas de más de cincuenta libros, incluyendo *Full Engagement* y *Reinvention*.